이모티콘 작가되기

with 프로크리에이트

하루10분 8컷으로

이모티콘 작가되기

with 프로크리에이트

박재이 포르포르

R

: prologue

'서점에 있는 이모티콘 책 중에서 예제가 가장 많고 친절한 책을 만들자!'라는 마음으로 책을 쓰기 시작했습니다. 아이들과 그림 초보들을 가르친 경험을 토대로 캐릭터의 뼈대를 잡는 법부터 캐릭터를 그리는 법, 이모티콘 동작의 구성 원리까지 제작 툴의 설명보다는 초보자가 어떤 동작이든 가장 쉽게 그릴 수 있도록 구성하고자 하였고, 덕분에 멈춰있는 그림 예제 24개, 움직이는 모션 예제 24개가 담긴, 예제가 가득한 책을 만들 수 있게 되었습니다.

처음 그림을 그린다면 인터페이스를 익히는 데도 시간이 걸리고, 완성작도 마음에 들지 않을 수 있어요. 저도 그림을 독학으로 익혔기 때문에 그 마음을 잘 알고 있습니다. 하지만 포기하지 않고 매일 매일 읽으며 따라 하고 또 따라 해 보세요. 어느 순간 '나 좀 잘 그리네'하는 사람이 되어 있을 거예요.

그림이 익숙하지 않다면 이 책을 이렇게 활용해 보세요. 우선 챕터 4를 다 따라 그리며 그림 그리는 방법을 익힙니다. 챕터 3으로 돌아가 나만의 캐릭터를 디자인해 보고, 챕터 4의 예제들을 내 캐릭터로 바꿔 제작해 봅니다. 챕터 4의 예제를 내 캐릭터로 다 만들었다면, 챕터 3으로 돌아가 새로운 멘트와 시안을 기획하고 챕터 4를 응용하여 다른 동작을 만들어보세요. 이렇게 하다 보면 실력이 금방 쑥쑥 느는 걸 느낄 수 있을 거예요.

멈춰있는 이모티콘 그리기가 익숙해졌다면, 챕터 5로 넘어가 모션을 따라서 그려보세요. 이때 모션은 내가 만든 캐릭터로 그리면 좋습니다. 만약 모션이 어색하다면 직접 몸을 움직여보면서 몸의 어느 부분이 움직이고 고정되는지 파악하는 것도 좋습니다. 직접 분석한 정보를 토대로 모션을 수정하세요. 내가 직접 움직여보고 여러 번 그려보는 것이 가장 중요합니다.

이모티콘은 간단해 보이지만 연습이 꼭 필요합니다. 하루 10분 시간을 내어 누구나 따라서 그림을 연습할 수 있는 친절한 가이드북이 되길 바라며, 이모티콘 작가로 활동하고자 하는 여러분을 언제나 응원하겠습니다. 행복한 그림 시간이 되시길 바라요!

동작을 그리다 막힐 때면 따라 그릴 수 있게 직접 몸으로 보여준 예비 남편 삼영, 출간 전부터 책을 홍보하신 홍보왕 어머니 묘식씨, 책이 세상에 나오도록 많은 도움을 주신 최병윤 편집장님, 이우경 대리님, 항상 응원해 주신 약 2만 명의 팔로워 포도알 님들께 감사의 마음을 전합니다.

ps. 앞으로 만나게 될 독자님들! 언제든 작업하다가 어려움이 생긴다면
　　저를 찾아와주세요. 꼭이요!

박재이 드림

: contents

Chap 1. 이모티콘 작가가 되어보자

Chap 2. 프로크리에이트 꿀팁

Chap 3. 이모티콘 기획, 하나로 끝내기

Chap 4. 10분 만에 멈춰있는 이모티콘 완성하기

Chap 5. 8컷으로 움직이는 이모티콘 완성하기

Chap 1.
이모티콘 작가가
되어보자

어떤 플랫폼을 통해 이모티콘 작가가 될 수 있는지, 실제 승인받는 팁은 무엇인지 궁금하다면 주목해 주세요. 핵심만 정리했습니다. 어떤 이유로든 이모티콘 만들기에 도전하는 여러분들을 항상 응원할게요!

1. 준비하기

 할 수 있다는 마음

아이패드로 그림을 그리기 전 연필, 노트 등 중요한 준비물이 몇 가지 있지만, 가장 중요한 건 마음가짐입니다. 처음에는 익숙하지 않아서 그림을 그릴 때 실수하는 것도 많고 오래 걸리고 어렵기까지 합니다. "못해도 괜찮다. 처음부터 잘하는 사람은 없다. 결국 나는 잘 해낼 거다. 나는 최고다!" 마음가짐으로, 10번 찍어 안 넘어가는 나무 없다는 것을 꼭 기억하면서 즐기는 마음으로 시작해 보세요.

 영감을 붙잡을 아이디어 수첩

아이디어는 꼭 갑자기 생각이 납니다. 일하다가, 걷다가, 밥을 먹다가 예측하지 못한 순간에 찾아옵니다. '뭐였더라? 분명 좋은 생각이 있었는데…' 영영 기억하지 못한 채 흘러가는 아이디어를 붙잡을 수 있도록 항상 아이디어 수첩을 들고 다니세요. 스마트폰의 메모장도 좋습니다. 생각날 때마다 기록하고, 기획이 필요한 순간마다 꺼내서 봐주세요. '내가 이런 생각을 했다니!' 감탄하게 될 거예요.

 아이패드와 펜슬

이 책은 IOS 전용 앱인 프로크리에이트를 기준으로 설명하기 때문에 아이패드가 꼭 필요합니다. 아이패드는 펜슬이 연결되는 기종은 전부 다 가능하며 그림을 그릴 때 미끄러지는 느낌이 싫다면 종이 질감 액정필름을 부착해 주세요. 종이 필름 때문에 펜촉이 닳는 게 싫다면 메탈 펜촉을 별도로 구매해서 사용하면 됩니다.

 프로크리에이트 앱

프로크리에이트 앱은 앱스토어에서 다운로드할 수 있어요. 한번 구매하면 평생 쓸 수 있습니다. 프로크리에이트의 장점은 다른 프로그램과 비교했을 때 직관적인 인터페이스를 가지고 있어서 초보자가 쓰기에 적합하며 다양한 질감을 가진 브러시를 전부 무료로 사용할 수 있습니다.

 거치대

목 건강을 위해서 아이패드 거치대는 필수입니다. 거치대가 없으면 고개를 푹 숙이고 작업을 하게 됩니다. 처음에는 괜찮겠지만 시간이 지날수록 목과 어깨가 아파서 더 이상 그림을 그리기가 힘들게 됩니다. 거치대 각도를 조절하여 목을 너무 숙이거나, 허리를 너무 굽히지 않도록 해주세요.

2. 이모티콘 플랫폼 종류와 특장점

이모티콘 플랫폼이란?
이모티콘 플랫폼은 이모티콘을 제안하고 출시할 수 있는 온라인 샵들을 말합니다. 대표적인 플랫폼은 카카오 이모티콘 스튜디오, 네이버 OGQ 크리에이터 스튜디오, 네이버 밴드 파트너스, 라인 크리에이터스, 모히톡, 스티팝, 이모틱 박스 등이 있습니다. 국내 대표 메신저가 카카오톡이기 때문에 대부분 카카오톡 이모티콘 제안을 가장 많이 합니다. 그만큼 경쟁률이 치열해 많이 떨어지기도 합니다. 그밖에 다양한 플랫폼이 많으니 여러 곳에 제안하며 감을 익히는 것이 좋습니다.

● 카카오 이모티콘 스튜디오

https://emoticonstudio.kakao.com

목적

카카오톡 채팅, 프로필 등

해상도 및 컬러 모드

72dpi, RGB

수익성

★★★★ 좋음

승인 난이도

● 어려움
심사 기간 2~4주

특징

·실시간 채팅에서 소통하기 좋음
·다양한 감정 표현 가능
·유행을 선도하는 플랫폼
·심사 후 상품화까지 2~3달 소요

파일 규격

기본 이모티콘 - 360X360px
큰 이모티콘 정사각형
540×540px, 가로형
540×300px, 세로형
300×540px 중 선택

제안 개수

·멈춰 있는 이모티콘
 PNG 32개(투명 배경)
·움직이는 이모티콘
 GIF 3개(흰 배경),
 PNG 21종(투명 배경)
·큰 이모티콘
 GIF 3개(흰 배경),
 PNG 13종(투명 배경)

● 네이버 OGQ 크리에이터 스튜디오

OGQ Creator Studio

https://naver.creators.ogq.me

목적

네이버 카페, 블로그,
아프리카 tv 등

해상도 및 컬러 모드

72dpi, RGB

수익성

★★★☆ 중간
카카오만큼 높지 않지만,
꾸준히 제출하면 수익 창출 가능

승인 난이도

● 중간
심사 기간 1~4주

특징

· 블로그, 카페 등 포스팅에 사용하기 좋
  은 내용 구성 선호
· 다크 모드 사용자를 위하여
  캐릭터에 전부 흰 테두리 삽입
· 승인 후 바로 판매 진행

파일 규격

스티커 740px * 640px
메인이미지 240px* 240px
탭이미지 96px*74px
(파일 이름 설정 1.png~24.png)

제안 개수

· 멈춰 있는 이모티콘
  PNG 24개(투명 배경)
· 움직이는 이모티콘
  GIF 24개(흰 배경)

● 네이버 밴드 파트너스

https://partners.band.us/partners/
sticker?lang=ko

목적

밴드 게시글 또는 댓글

해상도 및 컬러 모드

72dpi, RGB

수익성

★★★☆ 중간

승인 난이도

● 어려움
심사 기간 2~4주

특징

· 사용 연령층이 높은 편
· 승인 후 움직이는 이모티콘은 24개,
  멈춰있는 이모티콘은 40개 제작
· 심사 후 상품화까지 2~3달 소요

파일 규격

370X320px

제안 개수

· 멈춰 있는 이모티콘
  PNG 5개(투명 배경)
· 움직이는 이모티콘
  GIF 3개, PNG 5개(투명 배경)

● 라인 크리에이터스

LINE CREATORS MARKET

https://creator.line.me/ko

목적

라인 채팅

해상도 및 컬러 모드

72dpi, RGB

수익성

★☆☆☆ 낮음

승인 난이도

● 쉬움
심사 기간 1주

특징

· 승인받으면 바로 판매 진행
· 일본에 업로드하는 곳과 국내에서
  업로드하는 곳이 다름
  (국내 업로드는 한국에 사는
   사람들에게만 판매)

파일 규격

· 스티커 최대 너비
  370px * 320px
· 메인이미지 240px* 240px
· 탭이미지 96px*74px

제안 개수

· 멈춰 있는 이모티콘
  PNG 8개, 16개, 24개, 32개,
  40개 중에서 선택
· 움직이는 이모티콘
  APNG 8개, 16개,
  24개 중 선택

● 모히톡X스티커팜

mojitok stickerfarm

https://stickerfarm.mojitok.com

목적

삼성 문자 이모티콘,
애플 아이 메시지,
베트남 메신저 ZALO 등

해상도 및 컬러 모드

72dpi, RGB

수익성

★☆☆☆ 거의 없음

승인 난이도

● 쉬움
심사 기간 1~2주

특징

· 승인받으면 바로 판매 진행
· 파일명은 영어로 제출
· 파일 상하좌우 20px 여백 필요
· 1개를 올려도 가능

파일 규격

기본 618*618px,
대표 이미지 250*250px

제안 개수

· 플러스 팩: PNG or GIF
           24개 이상(투명 배경)
· 베이지 팩: PNG or GIF
           1개 이상

● 스티팝

stipop

https://stipop.io/ko

목적

애플 아이 메시지, 왓츠앱

수익성

★☆☆☆ 낮음

특징

· 일상 대화에서 자연스럽게
  사용할 수 있는 콘텐츠 선호
· 승인받으면 바로 판매 진행

해상도 및 컬러 모드

72dpi, RGB

승인 난이도

● 쉬움
심사 기간 3일 이내

파일 규격

기본 700*700px
앱 아이콘 100*100px

제안 개수

· 멈춰 있는 이모티콘
  PNG 10~30개(투명 배경))
· 움직이는 이모티콘
  GIF 10~30개(투명 배경)

● 이모틱 박스 스튜디오

EmoticBox Studio

https://studio.emoticbox.com

목적

아이폰 아이 메시지,
TWIP, 왓츠앱

수익성

★☆☆☆ 낮음

특징

· 승인받으면 바로 판매 진행
· 신규 플랫폼이라 정보가 많이 없음
  (앞으로 제휴사 늘어날 예정)

해상도 및 컬러 모드

72dpi, RGB

승인 난이도

● 쉬움
심사 기간 1~2주

파일 규격

기본 618*618px
(파일 이름 1.png~24.png으로)

제안 개수

· 멈춰 있는 이모티콘
  PNG 16개, 24개, 32개,
  40개 중에 선택
· 움직이는 이모티콘
  APNG 16개, 24개, 32개,
  40개 중에 선택

3. 팔리는 이모티콘이란?!

이모티콘은 감정을 전달하는 수단입니다. 일러스트가 예쁘거나 디테일이 좋다고 해서 잘 팔리는 건 아닙니다. 지금까지 이모티콘을 귀여운 일러스트로 정도로 생각했다면, 이제부터는 상품으로 바라보세요. '내가 이 이모티콘을 왜 구매했을까?', '이 작가는 어떤 사람이 구매하길 바라면서 이 이모티콘을 만들었을까?' 끊임없이 생각하다 보면 왜 이런 이모티콘을 제작했는지, 어떤 목적으로 만들었는지 알 수 있습니다. 이모티콘을 만든다는 건 결국 디지털 상품 하나를 만드는 것과 같고, 상품을 만들 때 꼭 해야 하는 일은 시장조사입니다. 정확한 타깃 설정 없이, 대중의 취향을 고려하지 않은 채로 만든다면, 절대 팔리지 않을 상품이 될 뿐입니다. 이모티콘 디자인의 핵심은 나의 취향과 시장의 취향을 잘 섞는 것입니다.

잘 팔리는 이모티콘의 특징

① 단순하지만 매력 있는 캐릭터
② 사용자가 누구인지 확실하게 보이는 구성
③ 일상에서 자주 쓰이는 대화 구성
④ 한눈에 들어오는 직관적인 감정 표현
⑤ 다수가 공감할 수 있는 캐릭터 행동
⑥ 가독성 좋은 텍스트 구성
⑦ 적절한 소품 배치

나만 재미있는 그림의 특징

① 디자인이 복잡하거나 유행에 맞지 않는 캐릭터
② 타깃 없이 모두 두루 쓰길 바라는 콘텐츠
③ 그림을 본 친구가 '이건 뭐야?' 질문한다.
④ 부가 설명이 있어야 이해할 수 있는 내용 구성
⑤ 나만 자주 쓰는 말로 구성
⑥ 너무 작아 보이지 않는 텍스트
⑦ 같은 동작 복사 붙여넣기

4. 승인율을 높이는 전략 STUDY

● 캐릭터 분석

밝은 이미지의 캐릭터

어두운 분위기의 사람보다 에너지가 밝은 사람을 선호하는 것처럼, 밝은 분위기의 시안은 언제나 승인율이 높습니다.

귀여운 캐릭터

둥글둥글한 캐릭터들은 전 연령대를 아울러 인기가 많습니다. b급 감성의 웃긴 캐릭터가 아닌 이상 대부분은 손도 발도 다 둥근 형태입니다.

심플한 캐릭터

이모티콘 캐릭터는 간단한 형태가 좋습니다. 이모티콘의 핵심은 메시지를 전달하는 것에 있기 때문입니다. 단순한 캐릭터는 상황표현을 하기 위해 다양한 소품을 추가하기도 좋습니다.

1.5~2등신

순위권에 있는 이모티콘과 최근 등록된 이모티콘을 분석해 보면 2등신을 넘기는 캐릭터가 거의 없습니다. 특히 최근 트렌드는 작아서 더 귀여운 캐릭터를 선호하기 때문에 1.5등신도 인기가 많습니다.

● 제안 전략

제목은 직관적으로

이모티콘은 자기소개서와 비슷합니다. 모르는 사람에게 내가 만든 캐릭터를 소개하기 위해 임팩트 있는 첫 줄이 필요합니다. 직관적으로 내 이모티콘의 컨셉과 매력을 느낄 수 있게 적어주세요. 간혹 잘 설명하고 싶다는 욕심에 제목이 지나치게 길어지는 경우가 있습니다. 제목에는 특징이 잘 드러나도록 적고, 설명에 기획 의도, 캐릭터의 성격이나 설명, 예상 타깃 등을 간단히 적어주세요.

나쁜 예시 : 스타일이 추상적이고 모호함

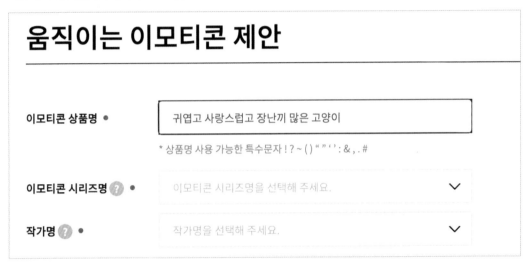

좋은 예시 : 제목만으로도 전체 구성이 명확하게 그려짐

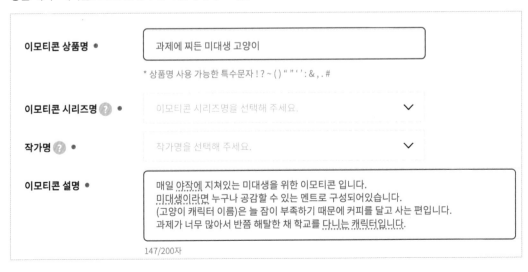

사람의 시선을 따라 배치

사람의 시선은 자연스럽게 왼쪽 위에서 오른쪽 아래로 대각선으로 내려갑니다. 이모티콘을 배치할
때도, 이를 고려하여 컨셉이 확실하게 드러나는 이미지는 대각선에 배치해 주세요.

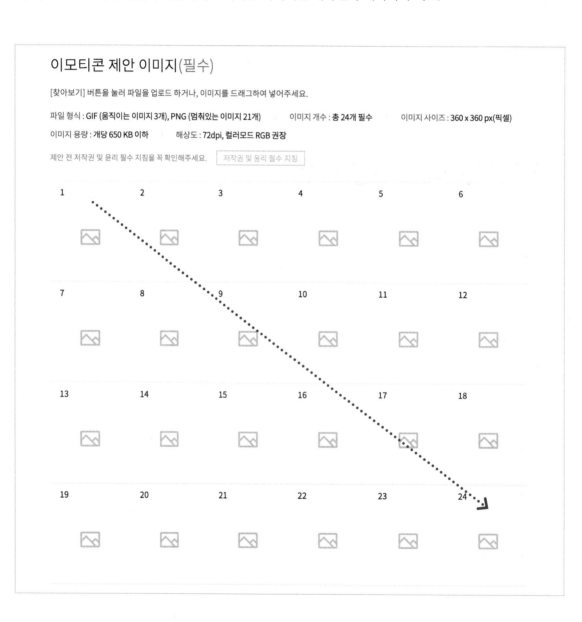

TIP. 떠먹여 드립니다

● 용어 설명

px	px(픽셀)은 화면의 이미지를 구성하는 최소 사이즈를 말합니다. 우리말로는 화소라고 부릅니다.
PNG, GIF, APNG	PNG 와 GIF는 파일 확장자 이름입니다. PNG는 투명 배경 이미지 파일 확장자이고, GIF는 움직이는 이미지 파일 확장자입니다. APNG는 움직이는 PNG 파일을 말합니다.
RGB	RGB는 화면에서 사용되는 색상 모드를 말합니다. 우리가 보는 모니터, 휴대전화와 같은 액정에서 사용되는 색상 모드입니다.
DPI	DPI는 1인치를 몇 개의 픽셀로 표현할 수 있는지 말해주는 수치입니다. 예를 들어 72dpi는 1인치에 72개의 픽셀로 구성이 됩니다. 300dpi는 1인치에 300개의 픽셀로 구성됩니다.

● FAQ

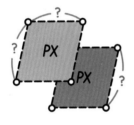

Q. 플랫폼별 파일 규격이 다른데 어떻게 해야 하나요?

수정이 편하도록 처음 만들 때부터 픽셀을 1000px*1000px로 크게 잡아 제작하는 것이 좋습니다. 한 플랫폼에 맞춰서 사이즈를 작게 제작하면 다른 플랫폼에 수정 제출하기가 어렵습니다. 꼭 캔버스를 만들기 전에 사이즈를 체크해주세요!

Q. 수익성이 가장 좋은 플랫폼은 어디인가요?

카카오톡 〉 밴드 〉 오지큐 순으로 좋습니다. 나머지 플랫폼에서는 수익이 많이 나지는 않습니다.

Q. 다른 곳에서 수익을 얻는 방법은 없나요?

굿노트 스티커 등 디지털 굿즈를 제작하여 판매하는 방법도 있습니다. 디지털 굿즈를 판매하는 대표적인 플랫폼은 텐바이텐, 아이디어스, 위버딩 등이 있습니다.

Chap 2.
프로크리에이트
꿀팁

이모티콘 시장을 둘러보았다면 이제 본격적으로 프로크리에이트 사
용법을 익혀볼 차례입니다. 불필요한 설명은 덜어내고 이모티콘을 그
릴 때만 필요한 기본부터 브러시를 만드는 고급 스킬까지 모두 알려
드립니다.

1. 인터페이스 설명

● 갤러리

> 갤러리는 내가 그린 모든 그림을 보여주는 공간입니다. 캔버스를 만들어 그림을 만들면 전부 갤러리에 저장이 됩니다.

[선택] : 그림을 선택할 수 있습니다.

[가져오기] : 아이패드나 클라우드에 저장된 파일을 불러올 수 있습니다. (확장자: png, jpg, psd, gif, pdf)

[사진] : 아이패드 갤러리에 저장한 이미지뿐만 아니라 움직이는 gif를 불러올 수 있습니다.

[+] : 새로운 캔버스를 만들 수 있습니다. 만든 캔버스는 프리셋으로 등록되어 목록에 나타납니다.

새로운 캔버스를 만들기

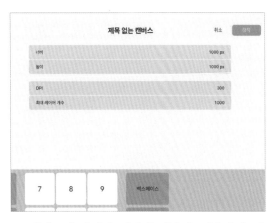

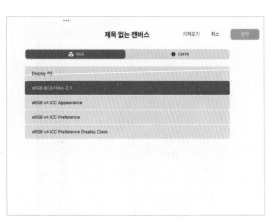

01 캔버스의 너비를 지정해 만들 수 있습니다. 이모티콘은 일단 1000px로 크게 제작하고 나중에 줄이는 것이 좋습니다.

02 이모티콘은 웹에서 보는 경우가 많기 때문에 색상 프로필은 RGB로 설정합니다.

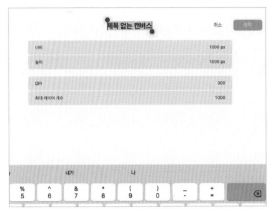

03 캔버스 이름은 위에 '제목 없는 캔버스'를 두
번 톡톡 두드리면 수정할 수 있습니다.

TIP. 이후에 같은 사이즈의 캔버스를 써야 한다면 목록에 있는 프리셋을 사용하면 됩니다. 만약 목록에
있는 프리셋을 수정이나 삭제하고 싶다면 왼쪽으로 스와이프하여 편집이나 삭제할 수 있습니다.

스택 만들기

갤러리를 정리하기 위해서는 스택(폴더)을 만드는 것이 좋습니다. 스택은 갤러리 상태에서만 만들
수 있고, 만들어진 스택 안에 스택을 추가로 만드는 건 불가능합니다.
스택을 만드는 방법은 두 가지가 있습니다.

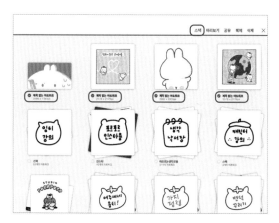

01 오른쪽 상단 [선택]을 누른 후 폴더로 만들
그림들을 선택하고 오른쪽 상단 [스택]을 누
릅니다.

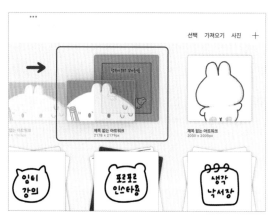

02 작품 하나를 오래 눌러서 선택 후 다른 그림
위로 끌어다 놓습니다.

파일 공유, 삭제, 복제하기

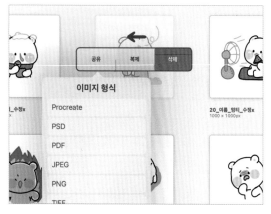

그림을 왼쪽으로 스와이프하면 메뉴가 뜹니다.
[공유] : 다양한 파일 확장자로 추출
[복제] : 그림 동일하게 복제
[삭제] : 그림이 삭제되며 다시 되돌릴 수 없음

갤러리 오른쪽 위의 [선택] 메뉴를 선택 후 그림
선택하여 공유, 삭제, 복제할 수 있습니다.

● 캔버스

이모티콘 캔버스 사이즈는 1000px*1000px, 해상도는 300dpi로 크게 제작한 후 나중에 제출 사이즈에 맞게 수정합니다. 크게 작업하는 이유는 후에 다른 플랫폼에 제출하거나 스티커 등으로 판매하려고 할 때 사이즈 수정하기 쉽기 때문입니다.

갤러리 화면으로 가기, 동작, 조정, 선택, 변형   브러시, 문지르기, 지우개, 레이어, 색상 설정

사이드바
위 : 브러시 크기,
아래 : 브러시 불투명도 조절

TIP. 사이드바 위치 변경을 원한다면
[동작] - [설정] - [오른손잡이
인터페이스]를 꺼주세요.

브러시

상단에서 브러시 크기를 설정할 수 있습니다.

옆에 있는 +버튼을 누르면 브러시 사이즈 혹은 불투명도가 지정되어 사이드바에 표시됩니다.

하단에서 브러시 불투명도를 설정할 수 있습니다.

● 제스쳐 이해하기

한 손가락

한 손가락 터치, 선택

스와이프

스와이프

확대

두 손 집게 모양으로
확대 및 축소

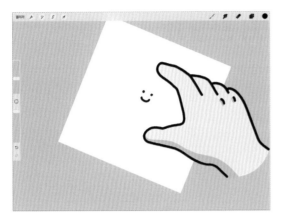

두 손가락으로 돌리고 싶은
방향으로 회전

두 손가락을 누르고 옮기기

두 손가락을 꼬집듯이 터치

두 손가락으로
톡 터치하여 취소하기

세 손가락으로
톡 터치하여 되돌리기

원하는 색을 한 손가락으로
꾹 눌러 스포이트 툴로 색 추출

2. 이모티콘용 브러시 만들기

● 책에서 사용하는 브러시

다양한 스타일의 이모티콘 브러시를 쉽게 만들 수 있습니다. 감성적인 느낌, 깔끔한 느낌, B급 감성의 느낌 등의 이모티콘을 만들 때 다양하게 이용할 수 있습니다.

● 기본 브러시

01 [서예] 카테고리에 있는 모노라인 브러시를 이용해 커스텀 브러시를 만듭니다.

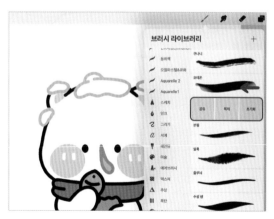

02 모노라인 브러시를 선택 후 왼쪽으로 밀고 [복제] 버튼을 눌러 새로운 커스텀 브러시를 만듭니다. 반드시 복제하여 사용해 주세요. 새로운 커스텀 브러시를 계속 만들기 위해 기본 브러시 원본은 남겨두는 것이 좋습니다.

03 브러시를 선택하여 [브러시 스튜디오]에서 취향에 맞게 조절합니다. 손 떨림을 보정하고 싶다면 [안정화]의 값을 조절해 주세요.

● 지글지글 브러시

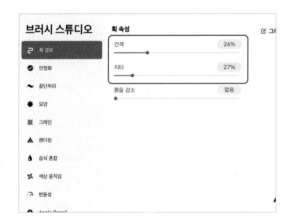

01 기본 브러시와 마찬가지로 [서예] 카테고리에 있는 모노라인 브러시를 복제하여 [브러시 스튜디오]에 들어갑니다. [획 속성]에서 지터 값과 간격을 변경해 주세요.

02 이름을 변경하고 싶다면 [이 브러시에 관하여] 카테고리를 클릭하고 이름을 더블클릭하여 수정할 수 있습니다.

03 적당한 값으로 조절하면 거친 질감이 살아있
는 지글지글 브러시가 완성됩니다.

● B급 감성 추천 픽셀 브러시

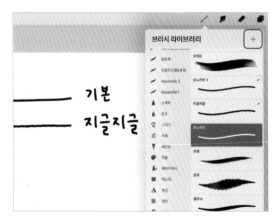

01 [브러시 라이브러리]의 [+]를 눌러 새 브러시
를 만듭니다.

02 [안정화] – [스트림 라인] 양을 0으로 설정합
니다. 이미 0인 상태일 수도 있습니다.

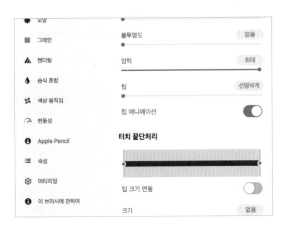

03 끝단 처리를 없앱니다. 이미 없는 상태일 수도 있습니다.

04 [모양] – 모양 소스 옆 [편집] – [모양 편집기] 오른쪽 상단 [가져오기] - [소스 라이브러리]를 누릅니다.

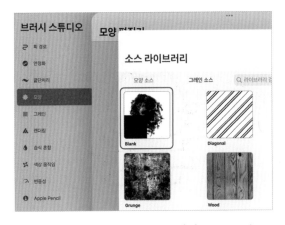

05 [소스 라이브러리]에서 [그레인 소스]를 누르고 첫 번째 BLANK를 클릭합니다. 완료를 눌러 [브러시 스튜디오]로 돌아옵니다.

06 [Apple Pencil]에서 [압력]의 불투명도 0, 기울기 0으로 설정합니다.

07 [속성]에서 [브러시 특성]의 최소 사이즈 1%, 최대 사이즈 5%로 맞춰주세요.

08 [획 경로] - [획 속성]에서 간격을 58%로 설정하면 픽셀 브러시가 완성됩니다.

09 [이 브러시에 관하여]에서 브러시 이름을 바꾸면 브러시를 찾기 더 쉽습니다.

10 픽셀 느낌을 더 많이 살리고 싶다면 360px의 작은 캔버스에 그리는 걸 추천합니다.

● 부들부들 연필 브러시

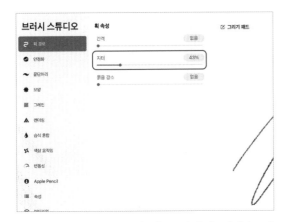

01 [스케치] 카테고리에 있는 나린더 연필을 이용해 커스텀 브러시를 만듭니다. 나린더 연필 브러시를 복제하여 [브러시 스튜디오] - [획 경로]의 지터 값을 43%로 올려주세요.

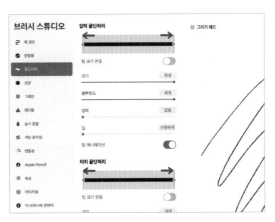

02 [끝단처리]에서 끝단처리가 동일하도록 팁을 맨 끝으로 당겨 일자로 만들어주세요.

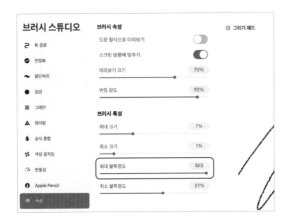

03 [속성] - [브러시 특성]에서 최대 불투명도를 최대로 바꿔주세요. 오른쪽 상단 완료 버튼을 누르면 부슬부슬 연필 브러시가 완성됩니다.

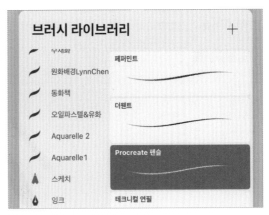

04 프로크리에이트에 내장된 브러시를 사용할 수도 있습니다. [스케치]에 있는 프로크리에이트 펜슬 브러시로 부들부들 브러시 효과를 쉽게 사용할 수 있습니다.

● 글씨 효과펜 브러시 만들기

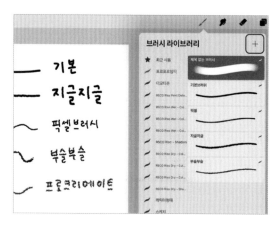

01 [브러시 라이브러리]의 [+]를 눌러 새 브러시를 만듭니다.

02 [브러시 스튜디오] - [획 경로]에서 간격을 10% 이하로 바꿔주세요.

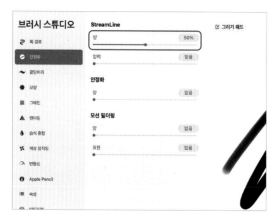

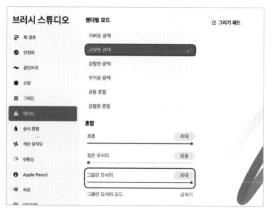

03 [안정화] - [스트림 라인]의 양을 50%로 조절합니다. 손 떨림을 더 방지하고 싶다면 더 큰 값으로 바꿔도 좋습니다.

04 [렌더링]에서 [렌더링 모드]를 균일한 광택으로 바꾸고, [혼합]에서 그을린 모서리를 최대로 바꿔주세요.

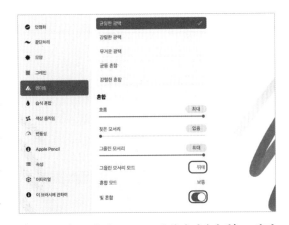

05 그을린 모서리 모드를 선택하여 '뒤에'로 변경
하고 빛 혼합을 체크해주세요.

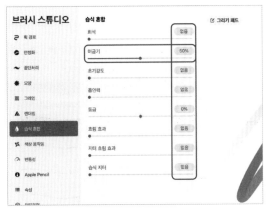

06 [습식 혼합]에서 머금기 50%를 제외하고 전
부 0 또는 '없음'으로 맞춥니다.

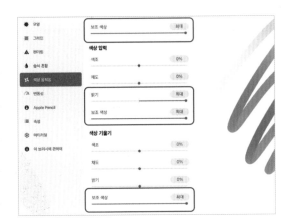

07 [색상 움직임]의 [획 색상 지터]에서 보조 색
상을 최대로 설정합니다. [색상 압력]의 밝기
와 보조 색상을 최대로 설정해 주세요. 색상
기울기의 보조색상도 최대로 설정합니다.

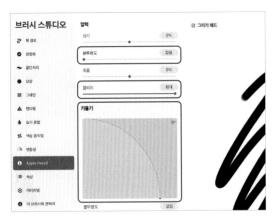

08 [Apple Pencil]에서 [압력] 불투명도를 없음으
로 조절하고, 블리드는 최대로 맞춥니다. [기
울기]를 0으로 맞춘 후 종료를 눌러주세요.

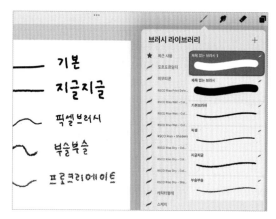

09 만든 브러시를 왼쪽으로 스와이프하여 [복제] 합니다.

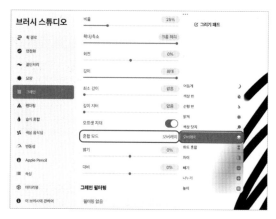

10 복제된 브러시를 눌러 [브러시 스튜디오] - [그레인] - [그레인 특성]의 혼합모드를 오버 레이로 변경해 주세요.

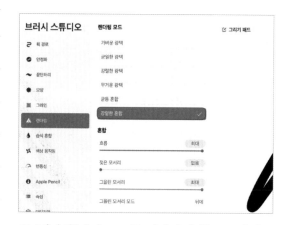

11 [렌더링]에서 모드를 강렬한 혼합으로 바꿔주 세요.

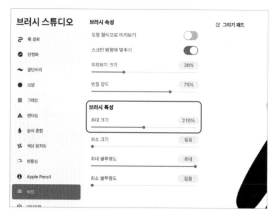

12 [속성]에서 [브러시 특성]의 최대 크기를 200% 이상으로 설정하고 완료해 주세요.

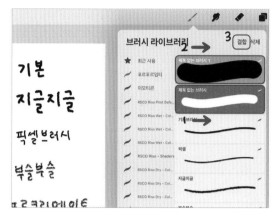

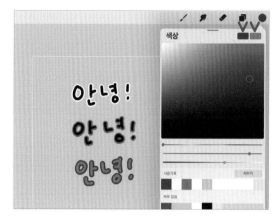

13 두 브러시를 결합합니다. 작은 브러시를 먼저 오른쪽으로 스와이프한 다음 큰 브러시를 오른쪽으로 스와이프하면 [브러시 라이브러리] 오른쪽 상단에 [결합] 버튼이 나타납니다. 눌러서 결합해주세요.

14 브러시를 테스트해 보세요. 색상 선택 창 상단의 두 사각형의 컬러를 바꾸면 안쪽 색상과 바깥쪽 색상을 원하는 대로 바꿀 수 있습니다.

15 만약 브러시가 잘못 결합하였다면 [브러시 스튜디오]에서 브러시를 두 번 눌러 결합을 해제할 수 있습니다.

3. 채색 쉽게 하기

● 밑색 깔기

● 색상 드래그 앤 드롭

01 겉 라인을 빈 부분 없이 꼼꼼하게 이어 그려줍니다.

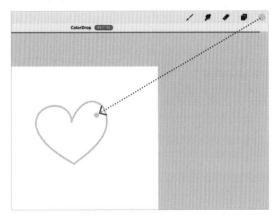

02 채울 공간에 색상을 끌고 와서 넣어주세요.

03 색이 채워집니다.

TIP. 수정을 고려해 채색 레이어는 라인 레이어와 분리해 만드는 것이 좋습니다.

● 레퍼런스 설정 이용하기

01 라인 레이어 밑에 [+]버튼을 눌러 새로운 레이어를 만듭니다. 레이어 위치를 수정하고 싶다면 꾹 눌러 아래로 내려주세요.

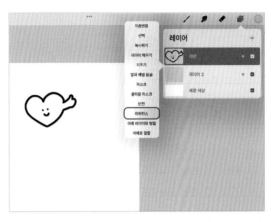

02 라인을 그린 레이어를 한번 터치하여 레이어 설정에 들어갑니다. 아래에서 3번째 버튼인 [레퍼런스]를 클릭해 주세요.

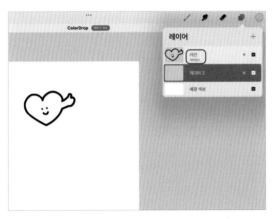

03 레이어 이름 아래에 '레퍼런스'라는 보조 설명이 나타납니다. 설정을 완료했다면 만들어 둔 새 레이어를 선택합니다.

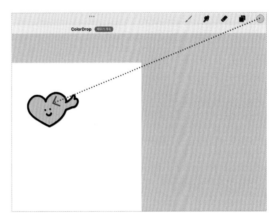

04 색상을 드래그하고 드롭하면 따로 겉 라인을 그리지 않아도 채색이 됩니다.

05 색을 다 채우면 레퍼런스 설정을 꺼주세요. 설정을 끄지 않으면 채색할 때마다 모든 레이어에 적용되니 주의해 주세요.

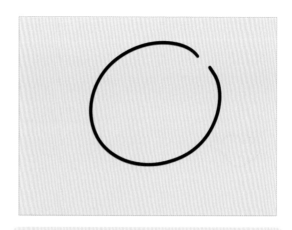

TIP. 드래그 앤 드롭 또는 레퍼런스 설정을 통해 칠하는 경우 모두 획 끝이 막혀있어야 합니다. 획이 열려있으면 영역을 벗어나 채색되니 주의해 주세요.

● **클리핑 마스크로 채색하기**

밑색 위에 새로운 채색을 할 때 테두리 밖으로 삐져나가는 것을 방지하기 위해 클리핑 마스크를 이용합니다.

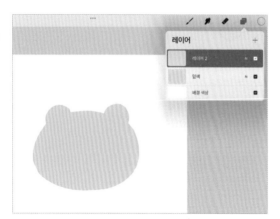

01 밑색 레이어 위에 새 레이어를 만듭니다.

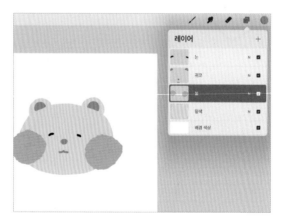

02 방금 만든 레이어에 볼 터치를 하거나 무늬 등을 칠해줍니다. 색상을 수정할 수도 있으니, 요소마다 레이어를 만들어 사용합니다.

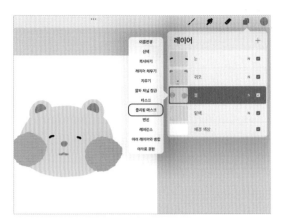

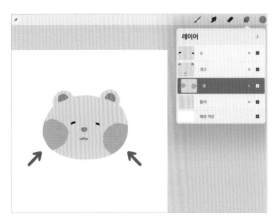

03 레이어를 선택하고 [클리핑 마스크]를 만듭니
다. 선택된 레이어는 한 번만 클릭해도 레이어
설정 창이 나오고 선택되지 않은 레이어는 두
번 클릭해야 레이어 설정 창이 나옵니다.

04 클리핑 마스크가 설정되면 밑색 레이어 밖으
로 상단 레이어가 삐져나가지 않습니다.

라인에도 동일하게 적용되니, 수정이 필요할 때 클리핑 마스크를 이용하면 됩니다. 비슷한 기능으
로 [레이어 잠금]이 있습니다. [레이어 잠금]은 새 레이어를 만들지 않고도 [클리핑 마스크] 같은
효과를 만들 수 있습니다. 하지만 색상 수정 등을 할 수도 있기 때문에 [클리핑 마스크]를 주로 사
용합니다.

클리핑 마스크를 썼을 때

선택된 클리핑 마스크를 해제했을 때

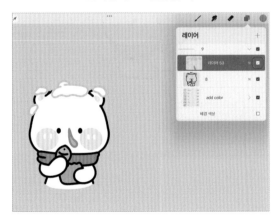

● 색상 변경

칠한 색 일부가 마음에 안 들 때엔 두 가지 방법을 사용할 수 있습니다.

● 색상 드래그 앤드 드롭

원래 색상에 다른 색을 부어 색을 바꿉니다.

● [조정] - 색조 채도 밝기 조절

01 [조정]에서 색조, 채도, 밝기를 선택합니다.

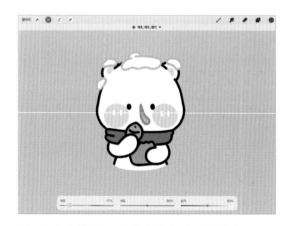

02 아래 수치를 조절해 색상을 수정합니다.

● 아웃라인 만들기

텍스트와 캐릭터 바깥에 흰 테두리를 만들고 싶다면 이 방법을 이용합니다.

01 오른쪽으로 레이어를 스와이프하여 캐릭터 레이어 그룹을 만들고 아래 방향 부등호를 눌러 폴더를 접습니다.

02 그룹을 왼쪽으로 스와이프하여 복제합니다.

03 복제한 레이어 하나를 선택하여 병합해 주세요.

04 병합한 레이어에 [조정] - [가우시안 흐림효과]를 선택하여 가우시안 효과를 만들어줍니다. 가우시안 효과 편집 창에서 펜슬을 대고 좌우로 움직이면 효과 값을 조정할 수 있습니다. 효과 값은 중앙 상단에 나타나는데, 5% 정도를 주면 적당합니다.

05 왼쪽 상단 [선택] 툴을 누르고, 아래 칸에 [자동] 툴을 선택하여 캐릭터가 아닌 배경을 선택합니다.

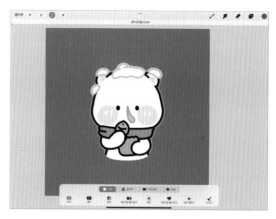

06 만약 이렇게 여백이 없이 선택되었다면, 펜슬을 왼쪽으로 밀어 수치를 0으로 바꿔주세요.

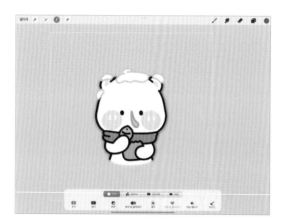

07 수치를 바꿨다면 손가락 두 개를 터치해 선택하기 전으로 돌아갑니다.

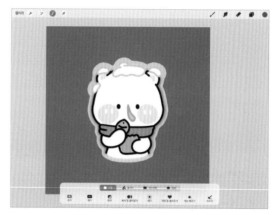

08 다시 배경을 눌러 선택합니다. 캐릭터와 배경 사이에 공백이 있는 상태로 배경이 선택되면 됩니다.

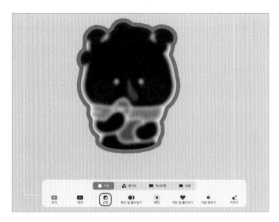

09 배경이 선택된 상태이니 이제 [반전]을 선택하여 배경이 아닌 캐릭터가 선택될 수 있게 해주세요.

10 오른쪽 상단 동그라미를 눌러 색상을 흰색으로 바꿉니다.

11 선택된 상태를 유지한 채로 레이어 창을 엽니다. 가우시안 블러가 된 레이어를 선택하고 [레이어 채우기]를 선택해 주세요.

12 깔끔하게 캐릭터 외곽에 흰색 아웃라인이 생깁니다. 텍스트에 만들 때는 동일한 방법으로 진행하되 그룹 만들기와 병합하기는 생략합니다.

4. 애니메이션 만들기

● 애니메이션 어시스턴트 둘러보기

애니메이션 어시스턴트는 셀 애니메이션을 만드는 도구입니다. 셀 애니메이션이란 한 장씩 그림을 그려 만드는 형식의 애니메이션을 말합니다. 애니메이션 어시스트는 [동작] - [캔버스]에서 활성화할 수 있습니다.

애니메이션 어시스턴트를 켜면 다음과 같은 창이 하단에 뜹니다. 왼쪽부터 재생, 설정, 프레임 추가 버튼이 있습니다.

[재생] : 그린 그림을 재생

[설정] : 애니메이션 설정 변경

[프레임 추가] : 이미지 추가

애니메이션 어시스턴트 설정 메뉴

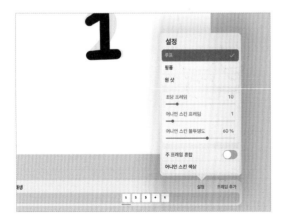

[핑퐁] : 애니메이션이 처음부터 끝까지 갔다가 역순으로 돌아오는 것입니다. 1,2,3,4 - 4,3,2,1 순으로 돌아오며 재생됩니다.

[원샷] : 애니메이션이 딱 한 번만 재생됩니다.

[초당 프레임 속도] : 프레임 속도를 조절합니다.

[어니언 스킨] : 이전 프레임과 이후 프레임을 보여주는 것을 말합니다. 어니언 스킨 프레임이 최대로 되어있으면 작업하는 모든 프레임을 다 보여준다는 뜻입니다. 다 켜져 있으면 복잡하기 때문에 1개 정도로 조정합니다.

[루프] : 루프를 설정하면 애니메이션이 1,2,3,4 - 1,2,3,4의 순서로 반복됩니다.

[어니언 스킨 색상] : 색상 설정에서 이전 프레임과 이후 프레임 컬러를 원하는 설정값으로 바꿀 수 있습니다.

프레임 추가

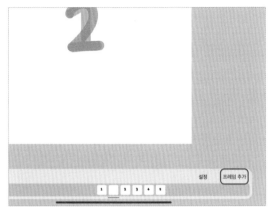

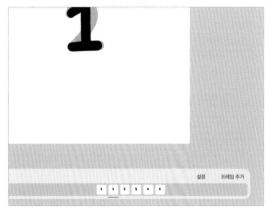

01 프레임 추가 버튼을 가볍게 누르면 선택된 프
레임 뒤에 프레임이 추가 됩니다.

02 프레임 추가 버튼을 꾹 누르면 선택된 프레임
이 복제됩니다.

레이어와 프레임의 관계

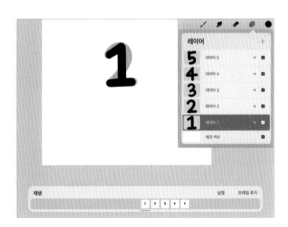

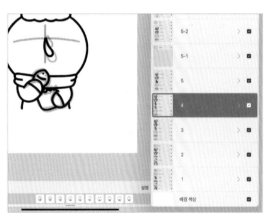

아래 칸에 보이는 프레임은 순서대로 1-2-3-4-5
번이 됩니다. 하지만 레이어는 아래서부터 위로
1-2-3-4-5번 프레임이 됩니다.

레이어를 모아 그룹을 만들면 그룹이 하나의 프
레임이 되며, 마찬가지로 레이어는 아래에서부터
위로 1-2-3-4-5번 프레임이 됩니다.

● 이모티콘에서 프레임 이해하기

모든 영상과 애니메이션은 사진으로 이루어져 있습니다. 1초에 29개의 사진이 들어가거나, 24개의 사진이 들어가 자연스럽게 움직이는 것처럼 보입니다. 프레임은 1초에 들어가는 이미지 1개의 단위입니다. 만약 1초에 13프레임이라고 한다면 13장의 이미지가 들어갔다는 뜻입니다. 1초에 들어가는 이미지가 많을수록 자연스러운 느낌이 들고, 이미지가 적을 수록 끊기는 느낌이 듭니다. 영화처럼 자연스러운 표현이 필요한 경우엔 1초에 24~29개 정도의 표현이 필요하지만, 이모티콘의 경우 1초에 9~12개 정도면 충분합니다.

프레임 설정에 있는 초당 프레임에서 1초에 몇 장이 들어갈지 조절할 수 있습니다. 저는 보통 10~12 정도로 작업하는 편입니다. 빠른 동작이 필요하다면 프레임 속도를 높이기보다 동작 사이에 들어가야 하는 이미지 개수를 줄입니다.

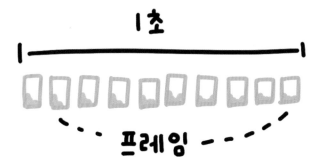

| 동작 사이사이 그림이 많을수록 자연스럽고 느리게 보입니다. | 동작 사이의 그림이 적을 수록 빠르고 급작스럽게 보입니다. |

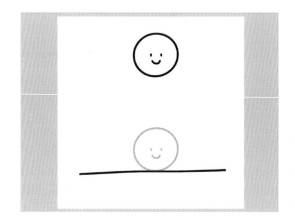

급한 동작은 일부러 프레임을 적게 그려서 빨리 움직이는 느낌이 나도록 그립니다. 느린 동작을 그릴 때는 동작 사이사이가 부드럽게 이어지도록 그림을 많이 그립니다. B급 감성의 그림을 그릴 때는 동작의 연결 과정이 자연스러울 필요가 없지만, 동글동글 귀여운 동작을 그린다면 자연스럽게 그리는 것이 좋습니다.

5. 저장하고 내보내기

● 배경없이 내보내는 PNG

01 이미지 파일을 내보낼 때는 오른쪽 레이어에서 배경을 체크 해제하여 배경을 끄고 png 파일로 내보냅니다.

02 [동작] - [공유]에서 PNG 파일을 누릅니다. 이미지 저장을 눌러 아이패드에 저장합니다.

● 움직이는 GIF

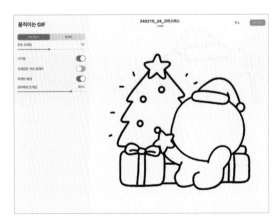

01 [동작] - [공유] - 움직이는 GIF를 누릅니다.

02 움직이는 GIF 설정 창으로 넘어갔다면 상단의 주황색 [내보내기] 버튼을 눌러 저장하면 됩니다.

● 캔버스 사이즈 조절

01 오른쪽 위의 [선택] - [복제]로 원본 캔버스를 복제합니다. 꼭 복제 후 작업해 주세요. 만약 원본 파일이 없다면 사이즈 조절이 잘못되었을 때 되돌릴 수 없습니다.

02 복제된 그림에 들어와 [동작] - [캔버스]의 잘라내기 및 크기변경을 눌러줍니다.

03 잘라내기 및 크기변경 창에 들어갔다면 오른쪽 상단 [설정]을 누르고 캔버스 리샘플 버튼을 눌러주세요.

04 원하는 사이즈를 입력하고 완료 버튼을 누르면 사이즈가 수정됩니다.

TIP. 떠먹여 드립니다

● 채색이 어렵다면, 저채도 고명도!

색상을 고른다면 저채도 고명도에서 고르는 것
이 좋습니다. 너무 탁하거나 어두우면 다른 이모
티콘과 비교했을 때 잘 안 보일 수도 있습니다.

● 추천 컬러 팔레트

이모티콘 색상은 통일감과 깔끔함을 위해 너무 많은 색이 들어가지 않도록 메인 컬러 3~5개 정도를 지
정해 주세요. 이 외에도 비슷한 톤으로 색상을 추가해 보세요. 중장년을 대상으로 하는 이모티콘의 경
우 예쁜 메시지 전달에 초점을 맞춰 다양한 색감을 쓰는 경우도 있습니다.

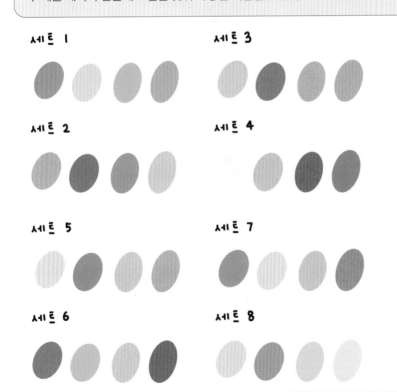

색상 팔레트와 브러시 키트는
porrporr.com에서 받을 수 있습니다.

Chap 3.
이모티콘 기획,
하나로 끝내기

본격적으로 내가 만들 이모티콘의 기획을 해볼 차례입니다. '어떻게 타깃을 설정하는지', '대사는 어떤 감정을 적으면 되는지' 등 꿀팁을 다 넣어두었으니, 끝까지 꼼꼼히 따라와 주세요.

1. 누구에게 팔 것인가?! 타깃 정하기

누구에게 팔 것인가? 구매 타깃을 정확히 파악할수록 이모티콘 판매율이 높아집니다. 타깃을 정하기 어렵다면 관계별, 직업별, 라이프 스타일별로 타깃을 떠올려보세요.

● 관계

가족	친구	커플
엄마, 아빠, 딸, 아들, 형, 누나, 언니, 오빠, 남동생, 여동생, 시어머니, 시아버지, 장인어른, 장모님	고등학교 친구들, 대학교 친구들, 직장 동기	애교쟁이 커플, 현실 커플, 부부

● 지위

직장	학생
사무직, 디자이너, 경찰, 군인, 프로그래머, 작가 등	고등학생, 대학생, 미대생, 공대생, 영화과 등

● 라이프 스타일

취미생활	식생활	반려인	성격 및 행동
헬스, 러닝, 등산, 골프, 테니스, 수영, 덕질, 영화광 등	비건, 빵 덕후, 치킨 덕후, 애주가, 다이어터 등	반려묘 집사, 반려견 주인 등 다양한 삶의 모습	MBTI, 사투리, 오버, 다정다감 안부 등

2. 캐릭터의 톤 앤드 매너?! 성격 설정하기

개성 있는 모습과 함께 캐릭터의 전체적인 톤을 일관성 있게 만들기 위해 성격을 만드는 것이 중요합니다. 성격은 한가지 특성을 과장하여 두드러지게 합니다. 개성이 뚜렷한 이모티콘은 타깃을 설정하지 않더라도 인기가 많습니다.

● 성격 활용하기

외향적인	말이 많은, 쾌활한, 흥이 많은, 까불거리는, 나서는, 행동이 앞서는 등
감정적인	호들갑 떠는, 공격적인, 잘 우는, 욱하는 등
차분한	평온한, 태평한, 둔한, 경청하는, 느릿느릿한 등
내향적인	조용한, 소심한, 부끄럼을 많이 타는, 말수가 적은 등

앞으로 기획할 메시지, 동작에서도 캐릭터의 이미지가 느껴지도록 응용하여 만드는 것이 좋습니다. 예를 들어, 소심한 친구의 안녕과 발랄한 친구의 안녕은 분위기가 다르게 표현됩니다. 같은 표현이더라도 성격과 타깃에 따라 멘트를 다르게 구성해 주세요.

소심한 성격의 친구

발랄한 성격의 친구

3. 실전 이모티콘! 24개 메시지 기획하기

자주 사용되는 이모티콘 표현을 기획하고 싶다면 실용성, 직관성, 재미(매력 포인트 혹은 공감 요소)를 포함하여 기획합니다.

● 이모티콘 제작 흐름 살펴보기

이 순서가 정답은 아닙니다. 편한 작업 스타일을 찾을 때까지 부딪혀보며 찾아보세요.

캐릭터 기획 → 멘트 기획 → 러프 시안 잡기 → 1000px 캔버스에 라인 작업

최종 파일 추출 ← 채색 작업 ← 모션 작업

● 이모티콘 기획 체크리스트

실용성	
대화에서 자주 쓰이는가?	☐
언제 쓸 수 있는 말인가?	☐
문제가 없는 말인가?	☐
요즘 쓰는 말인가?	☐

직관성	
한눈에 잘 들어오는가?	☐
비슷한 구도가 많지는 않은가?	☐
소품이 적절히 배치되어 있는가?	☐
어떤 감정인지 바로 알 수 있는가?	☐

재미(매력)	
뻔한 말만 있진 않은가?	☐
웃을 수 있는 포인트가 있는가?	☐
공감되는 포인트가 있는가?	☐

● 초보자도 완성 가능! 캐릭터 쉽게 그리기

모든 캐릭터는 뼈대를 가지고 있습니다. 아주 작은 2등신 친구에게도 귀여운 뼈대가 존재합니다. 뼈대를 이해하고 있어야 그림을 그릴 때 수월합니다.

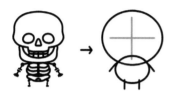 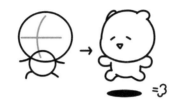 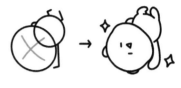

뼈대가 중요하다고 해서 척추, 갈비뼈 위치 등을 전부 다 알고 있어야 한다는 이야기는 아닙니다. 간단하게 머리는 동그라미로, 몸통은 작은 원통형으로, 팔, 다리는 직선으로만 그려도 충분합니다.

만약 캐릭터가 달리는 동작을 그린다면 두 다리를 앞뒤로 쭉 뻗은 상태로 뼈대를 잡아 그리면 됩니다. 캐릭터 형태 유지를 위해 최대한 팔다리 길이는 맞춰서 그립니다.

캐릭터가 비보이 포즈를 한 경우 어쩔 수 없이 팔이 길어지게 됩니다. 이 경우는 만화적 허용으로 보고 과감히 늘려서 그려줍니다. 부득이한 경우만 비율을 조금 늘려 표현하면 됩니다.

● 표현 기획 시트

이모티콘을 기획할 때 먼저 러프한 시안을 잡은 이후 작업을 들어가면 채색 시간을 절약할 수 있습니다. 위에서부터 4줄을 꽉 채워 만들면 24개의 이모티콘이 됩니다. 칸을 끝까지 기획하면 32개의 이모티콘을 만들게 됩니다. 네모 칸에는 이모티콘 시안을 그리고 아래 공백에는 모션 설명을 적어주세요.

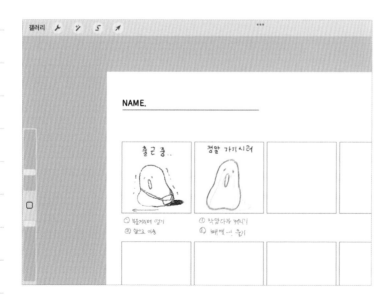

기획 시트 파일은
porrporr.com에서 받을 수 있습니다.

NAME. _____

DATE. _____

NAME. _____   DATE. _____

NAME.

DATE.

TIP. 떠먹여 드립니다

● 자주 쓰는 이모티콘 표현

이모티콘엔 자주 쓰이는 표현이 있습니다. 사용되는 플랫폼마다 주된 표현은 다르지만, 이모티콘이 감정을 전달하는 수단이라는 점은 바뀌지 않습니다. 간단한 메시지로 구성해 감정을 확실하게 전할 수 있도록 합니다.

인사	안녕, 하이, 안녕하세요, 잘 가, 여어, 등장, 꾸벅, 그럼 이만, 잘 부탁드립니다, 공손, 불렀어?, 짠, 내가 왔다, 까꿍, 나 갈게, 끝, 뿅, 안녕히 계세요, 잘될 거야, 좋은 하루 보내
좋아	ㅋㅋㅋㅋㅋ, 하하, 웃겨, 꿀잼, 깔깔, 껄껄, 하하, 크크, 깔깔, 캬캬, 행복해, 행복회로, 기분 좋아, 헤헤, 빙글빙글
싫어	질색, 싫어, 히익, 꾸깃, 으악, 소름, 왜 저래, 보기 싫어, 싫어
감탄	오오!,오올, 오호! 오?, 엄지척, 축하해, 초롱초롱, 우와, 쩐다, 박수, 눈부셔, 반했어, 극찬, 완벽해, 초롱초롱, 멋져, 예뻐
사랑	사랑해, 큰 하트, 알라뷰, 이만큼, 포옹, 고백, 심쿵, 반했어, 설렘, 꺄, 하트 가득, 취향 저격, 쏘스윗, 수줍, 행복하자, 하트
신남	씰룩씰룩, 덩실덩실, 훌라훌라, 춤, 화려한 조명, 둠칫둠칫
밤인사	잘자, 굿나잇, 내 꿈 꿔, 좋은 밤, 쿨쿨, 자장자장, 이제 자자
슬픔	ㅠㅠ, 또르르, 엉엉, 슬퍼, 대성통곡, 눈물 나, 오열, 힝, 쭈굴, 시무룩, 속상해, 추욱, 억울해, 실망, 글썽
부탁	굽신, 넙죽, 제발, 부탁, 고맙습니다, 한 번만, 잊지 않을게,
뭐해	빼꼼, 똑똑, 바빠?, 할말 있어, 저기요
동의	찬성, 끄덕끄덕, ㅇㅇ, 알겠어, 그럼 그럼, 오케이, 그래, 맞아, 공감, 알지 알지, 그니까, 진심, 니맘내맘, 허락할게, 승인, 그래, 하고 싶은 거 다 해, 오예, 소리 질러, 통했어, 텔레파시, 하이파이브, 바로 그거야
반대	반대, 놉, 절레절레, 노답, 쯧쯧, 저런, 아...

찡긋	찡긋, 통했어, 매력 어필, 뿌듯, 애교, 브이, 그렇지, 맞지?
즐거움	꺄르르, 꿀잼, 룰루랄라, 즐거워, 미소, 흥얼흥얼, 여유, 음악감상, 기분 좋아, 노래, 야호, 소리 질러, 만세, 호우, 꺄, 신나, 해냈다
화남	아오, 못 참아, 밥상 엎기, 쯤, 에잇, 심한 말, 왜 이제 말해, 뭐라고?, 공격, 싸우자, 발길질, 멱살, 못참아, 티격태격, 드루외
호다닥	호다닥, 헐레벌떡, 달려, 간다, 가는 중, 출발, 도망
흥미진진	팝콘각, 흥미진진, 꿀잼, 재밌다, 계속해, 기대, 싸워라
지루해	노잼, 하품, 재밌어?, 갑분싸, 싸늘, 정색, 감 떨어졌네,
답답해	답답, 고구마, 속 터져, 불편, 갑갑해, 어휴, 말이 안 통해
삐짐	흥, 삐짐, 너 잘났다, 됐어, 퉤, 실망, 미워, 너무해!
열정	열정, 가보자고, 의욕, 열심, 최선, 할 수 있다, 포기는 없다
놀자	함께해, 모여라, 고고, 같이 가, 놀자, 콜?, 만나
깐족	메롱, 약 오르지, 깐죽, 때려봐, 피하기, 잔상입니다만?
플렉스	돈, 돈이 최고, 얼마면 돼, 부자 될 거야, 부자, 현금
뒹굴	그냥 있어, 뒹굴뒹굴, 심심해, 아무것도 안 하기, 집콕
힘들어	지친다, 파스스, 하, 힘들어, 사라지고 싶다, 기진맥진, 피곤해
열받아	부들부들, 부글부글, 열받아, 짜증 나, 우씨, 화나, 분하다
주목	여기 봐, 주목, 할말 있어, 공지, 여러분, 얘들아, 관심 좀
축하	축하해, 뿌우(폭죽), 생일 축하해, 축배, 헹가래, 선물이야, 받아죠
밥	밥, 밥 줘, 집밥, 혼밥, 맛밥, 밥 먹고 해, 맛있겠다, 뭐 먹지, 밥 먹자
충격	대박, 헐, 충격, 오우, 진짜?, 입틀막, 사고정지, 으악, 포효, 절규, 깜짝, 경악, 놀람
귀여워	귀여워, 오구오구, 우쭈쭈, 궁디팡팡, 포옹, 잘했어, 깜찍해, 소중해, 지구 뿌셔, 사랑스러워

● 다양한 캐릭터 형태

● 다양한 감정 표현에 도움이 되는 표정 시트

Chap 4.
10분 만에 멈춰있는
이모티콘 완성하기

캐릭터를 처음 그리는 사람들도 괜찮습니다. 먼저 2등신의 뼈대를 그리고 그 위에 그림을 그릴 거예요. 그림의 순서를 알면 예제 그림뿐만 아니라 응용해서 나만의 캐릭터를 그리기도 쉬워질 거예요.

안녕~!

밝게 웃는 얼굴과 높이 든 손이 잘 보이게 그려주세요.
하트가 아닌 꽃을 그려도 좋습니다.

완성 이모티콘 미리보기

기본 세팅

캔버스 크기 : 1000 x 1000px
색상&해상도 : RGB, 300dpi
브러시 : 포르포르 기본(모노라인)
브러시 포인트 : 8pt 추천

모션 응용 미리보기

움직이는 이모티콘 : 164페이지

 ⇨ ⇨

① 얼굴과 몸통 잡기

얼굴 원을 그립니다. 이때 원은 타원으로 그려주세요. 얼굴 기울기를 가운데 십자선을 그어 표시해 줍니다. 얼굴 원 아래에 몸통이 될 원을 얼굴보다 작게 그립니다.

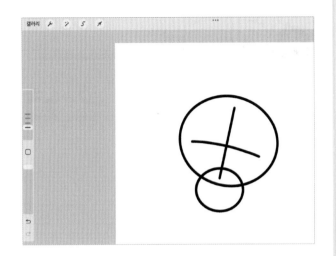

② 팔다리 위치 잡기

팔다리 위치를 직선으로 잡아줍니다.

③ 뼈대 레이어 불투명도 조절하기

그려둔 뼈대 레이어를 선택하여 불투명하게 만듭니다. 레이어 옆에 [N] 표시를 선택하면 불투명도를 조절할 수 있습니다.

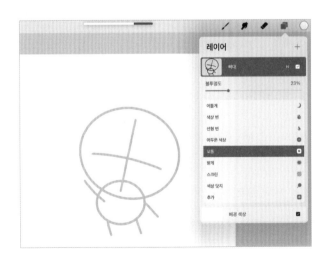

④ 새 레이어 추가

불투명해진 뼈대 레이어 위에 새 레이어를 하나 추가합니다. 새 레이어는 레이어창을 클릭 후 나오는 상단의 [+] 버튼을 누르면 됩니다.

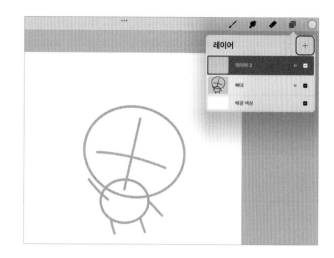

⑤ 팔다리 그리기

새 레이어에 팔다리를 그립니다. 팔다리는 뼈대 위치를 참고하여 둥근 'U'자로 그립니다. 뼈대는 어디까지나 그림을 쉽게 그리기 위한 참고용입니다. 정밀하게 똑같은 위치에 맞춰 그리지 않아도 괜찮습니다.

⑥ 머리 그리기

새 레이어를 추가하여 머리를 그립니다. 십자 선의 가로는 눈이 오는 위치입니다. 볼살을 그리고 싶다면 가로선 밑으로 볼록하게 그리면 됩니다.

7️⃣ 몸과 얼굴 그리기

몸과 얼굴을 그립니다. 몸과 얼굴은 새 레이어에 그려도 괜찮고, 기존에 그린 레이어에 그려도 괜찮습니다. 레이어는 겹치는 부분이 있을 때만 나누면 됩니다.

8️⃣ 귀와 하트 그리기

뼈대 레이어를 삭제하고, 원하는 귀 모양과 하트를 그립니다.

9️⃣ 라인 다듬어 마무리

이제 겹쳐있는 그림을 지우며 라인을 깔끔하게 다듬어줍니다. 얼굴과 손이 겹쳐있다면 손이 앞으로 나온 것처럼 보일 수 있도록, 얼굴선 일부는 지워주세요.
라인 레이어 밑에 새로운 레이어를 만들고 원하는 색으로 채색하여 완성합니다.

어디야!

얼굴에 손을 올려 두리번거리는 동작을 그립니다.
이때 망원경과 같은 소품을 쓰면 상황을 강조할 수 있어요.

완성 이모티콘 미리보기

기본 세팅

캔버스 크기 : 1000 x 1000px
색상&해상도 : RGB, 300dpi
브러시 : 포르포르 기본(모노라인)
브러시 포인트 : 8pt 추천

모션 응용 미리보기

움직이는 이모티콘 : 168페이지

 ⇨ ⇨

① 얼굴과 몸통 잡기

얼굴과 몸통을 원으로 그립니다. 얼굴은 크게 몸통은 작게 그려주세요. 캐릭터 기준으로 오른쪽을 바라보고 서 있기 때문에 얼굴 속 십자선은 왼쪽에 그립니다.

② 팔다리 위치 잡기

팔다리 선을 그립니다. 얼굴로 올리는 팔은 과장해서 팔을 늘려주세요.

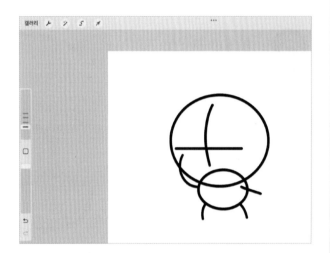

③ 팔다리 그리기

뼈대 레이어 위에 레이어를 하나 추가하고 뼈대 길이에 맞춰 팔다리를 그립니다. 팔과 다리의 끝은 둥글게 그려주세요. 이때 레이어가 잘 안 보인다면 뼈대 레이어의 불투명도를 조절해 줍니다.

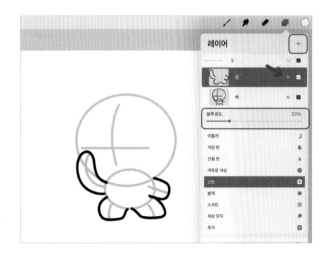

머리 그리기

팔다리를 다 그렸다면, 팔다리 레이어
위에 머리 레이어를 추가하여 머리를
그립니다.

⑤ 몸통과 포인트 그리기

팔다리 레이어에 몸통을 마저 그립니
다. 허리와 다리 사이 부분을 이어서
그리고 눈 옆에 반짝이 포인트를 그립
니다.

⑥ 땅 그리기

뼈대 레이어를 삭제하고 새 레이어를
추가합니다. 추가한 레이어를 꾹 눌러
몸통을 그린 레이어 밑으로 내려주세
요. 빈 레이어에 땅을 그립니다.

⑦ 망원경 그리기

새 레이어를 추가하여 망원경을 그립
니다. 올린 손이 망원경을 붙잡는 것처
럼 보일 수 있도록 위치를 잡아주세요.
원하는 모양의 귀나 머리카락을 더합
니다.

⑧ 라인 다듬어 마무리

겹치는 부분의 라인은 깔끔하게 지워
주세요.
라인 레이어 밑에 레이어를 추가하고
원하는 색으로 칠하면 완성입니다.

밥!

행복하게 무언가 먹는 동작을 그려보세요. 음식이 너무 사실적으로 묘사되지 않도록 주의해서 그리세요.

완성 이모티콘 미리보기

기본 세팅

캔버스 크기 : 1000 x 1000px
색상&해상도 : RGB, 300dpi
브러시 : 포르포르 기본(모노라인)
브러시 포인트 : 8pt 추천

모션 응용 미리보기

움직이는 이모티콘 : 172페이지

① 얼굴과 몸통 잡기

얼굴 원과 몸통 원을 그립니다. 캐릭터가 정면을 보고 있으니, 십자선은 얼굴 중앙에 그립니다. 가로선은 내 캐릭터의 눈 위치에 맞게 잡아주세요.

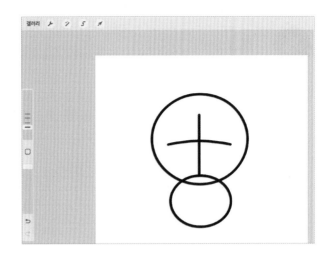

② 팔 위치 잡기

짧은 팔을 위로 만세 하듯이 그려주세요.

③ 팔 그리기

뼈대 레이어 위에 레이어를 하나 추가합니다. 만들어진 새 레이어에 'U'자 형태의 둥글고 통통한 팔을 그립니다. 뼈대 레이어는 [N]을 눌러 불투명도를 조절해 주세요.

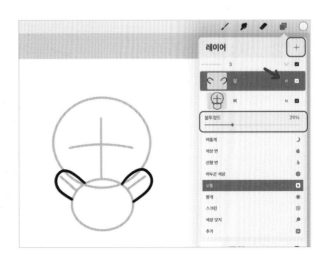

④ 몸과 머리 그리기

팔을 그린 레이어에 몸통을 그려주고
'c'자 모양의 엄지손가락을 그립니다.
새 레이어를 추가하여 머리도 그려주
세요.

> TIP. 짧고 통통한 비율의 이모티콘 캐
> 릭터는 손가락을 다 그리지 않아
> 요. 허전하다면 엄지손가락만 그
> 려보세요.

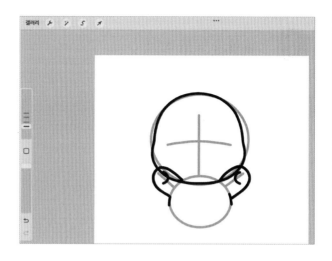

⑤ 식탁과 접시 그리기

새 레이어를 추가하여 식탁과 접시를
그리고, 엄지손가락 근처에 숟가락과
포크를 그려주세요. 턱받이나 스카프
를 그려주어도 좋습니다.

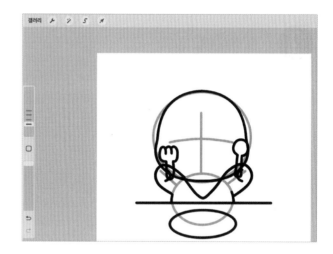

⑥ 표정과 귀 그리기

표정과 귀를 그립니다. 새 레이어를 추
가하여 그려도 괜찮고 아까 그린 소품
레이어에 그려도 좋습니다.
뼈대 레이어는 레이어를 왼쪽으로 밀
면 나오는 삭제 버튼을 눌러 삭제해 주
세요.

7 접시 위에
음식 그리기

새 레이어를 추가해서 접시 위에 음식을 그립니다. 소시지와 샐러드, 방울토마토, 오므라이스 등 내가 좋아하는 음식들로 채워보세요. 중요한 것은 실제 음식처럼 그리는 것이 아니라, 최대한 생략하며 캐릭터와 어울리게 그립니다.

8 라인 다듬어 마무리

겹치는 부분의 라인은 깔끔하게 지웁니다. 깔끔하게 다 지운 후, 그룹으로 묶어 레이어를 정돈해 주세요. 레이어는 꼭 정리하지 않아도 괜찮지만, 정리해 두면 한눈에 알아볼 수 있어 수정이 쉽습니다. 레이어 이름도 꼭 변경해 주세요.
전체 라인 레이어 밑에 새로운 레이어를 추가하여 원하는 색으로 칠하여 완성합니다.

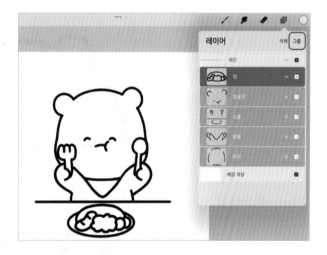

TIP. 레이어를 오른쪽으로 밀면 파란색으로 선택됩니다. 선택하고 싶은 레이어를 다 선택한 후, 위에 [그룹] 버튼을 누르면 그룹으로 만들 수 있어요.

가는 중~!

가는 중은 자동차, 킥보드, 오토바이, 비행기, 자전거 등의
다양한 탈 것을 그려 표현합니다.

완성 이모티콘 미리보기

기본 세팅

캔버스 크기 : 1000 x 1000px
색상&해상도 : RGB, 300dpi
브러시 : 포르포르 기본(모노라인)
브러시 포인트 : 8pt 추천

모션 응용 미리보기

움직이는 이모티콘 : 176페이지

 ⇨

1 얼굴 뼈대 잡기

얼굴 원을 그립니다. 캐릭터가 오른쪽
으로 이동하고 있기 때문에 얼굴 십자
선은 왼쪽에 치우치게 그려주세요.

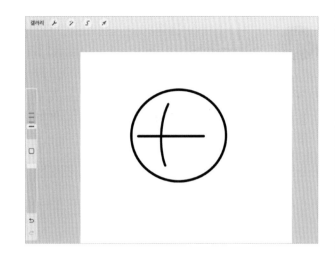

2 몸통과 팔다리
위치 잡기

몸통 원을 작게 그리고 팔다리의 뼈대
라인을 그립니다. 두 손은 무언가 잡고
있는 형태로 그리고, 다리 한쪽은 올려
줍니다.

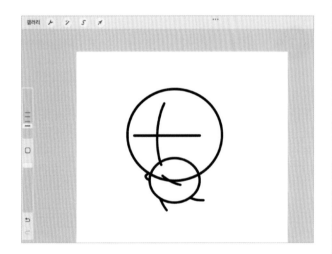

3 팔다리 그리기

뼈대 레이어는 불투명하게 바꾸고, 새
레이어를 추가하여 팔다리를 그립니
다. 잡고 있어 잘 안 보이는 뒤편의 손
은 동그라미로 그리고, 다른 팔은 'U'
자로 그려주세요.

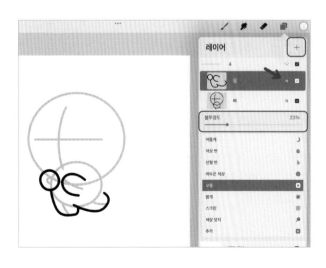

④ 머리 그리기

새 레이어를 추가하여 얼굴을 그립니다. 얼굴 옆에는 빠른 이동으로 남는 잔상을 그립니다. 아이스크림이 녹는 것처럼 과장해서 그리면 됩니다.

⑤ 몸통 그리기

얼굴을 다 그렸다면 몸통을 그립니다. 몸통도 머리를 그린 것처럼 지그재그로 잔상을 그리고 몸 옆에 날리는듯한 동그라미를 추가해 주세요.

⑥ 킥보드 형태 잡기

새 레이어를 추가하여 달리는 킥보드의 밑그림을 그립니다. 브러시의 크기를 크게 바꿔 형태를 대강 그려주세요. 이런 식으로 면으로 그리고 난 뒤에 선으로 그리면 훨씬 편하게 그림을 그릴 수 있습니다.

TIP. 왼쪽에 브러시 조절 창이 뜨게 하려면 [동작] - [설정] - [오른손 잡이 인터페이스]를 꺼주세요.

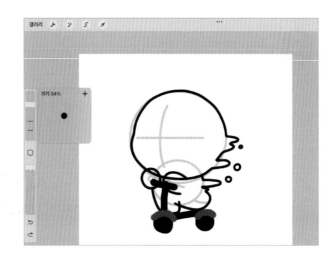

7 ## 킥보드 라인 그리기

킥보드 밑그림 레이어를 투명하게 바꾸고 새 레이어를 추가하여 라인을 따라 그려주세요. 라인을 다 그렸다면 킥보드 밑그림 레이어는 삭제합니다.

8 ## 귀와 얼굴 그리기

귀와 표정을 그리고 뼈대 레이어는 삭제합니다.
전체 레이어 순서를 체크해주세요. 킥보드 - 얼굴 - 머리 - 몸의 순서입니다.

9 ## 라인 다듬어 마무리

마지막으로 겹치는 라인을 깔끔하게 지웁니다. 라인 레이어 밑에 새로운 레이어를 추가하고 채색하여 완성합니다.

뭐해~?

벽 옆에서 스윽 나오거나 책상 위로 쓱 튀어나오는 동작을 많이 그립니다.

완성 이모티콘 미리보기

기본 세팅

캔버스 크기 : 1000 x 1000px
색상&해상도 : RGB, 300dpi
브러시 : 포르포르 기본(모노라인)
브러시 포인트 : 8pt 추천

모션 응용 미리보기

움직이는 이모티콘 : 179페이지

 ⇨ ⇨

① 벽 그리기

벽 뒤에서 튀어나오는 캐릭터를 만들기 위하여 직선을 하나 그립니다. 직선이 아닌 사각형도 좋습니다.

② 얼굴 뼈대 잡기

새 레이어를 추가합니다. 추가한 레이어에 얼굴 뼈대를 타원으로 그립니다. 고개를 꺾어 빼꼼하고 보기 때문에, 얼굴 뼈대와 십자선의 각도를 약 15~30° 정도 돌려 그립니다.

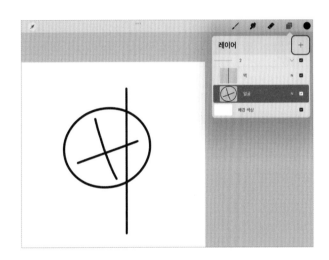

③ 몸통 위치 잡기

얼굴 밑에 몸통의 뼈대가 되는 원을 작게 그립니다.

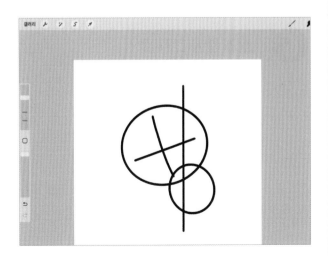

4 팔 위치 잡기

벽을 붙잡고 있는 팔을 선으로 그립니다.

5 팔 그리기

뼈대 레이어의 [N] 버튼을 눌러 불투명도를 조절합니다. 직선 레이어 위에 새 레이어를 추가하고 벽을 잡고 있는 손을 그려주세요. 위에 잡은 손은 동그라미, 아래 잡은 손은 'U' 자로 그립니다.

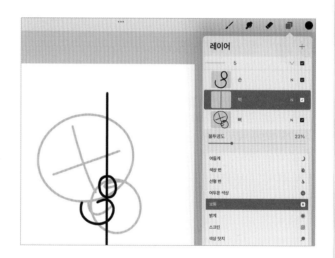

6 몸과 얼굴 그리기

벽에서부터 나오는 몸통을 그리고 얼굴을 그립니다.

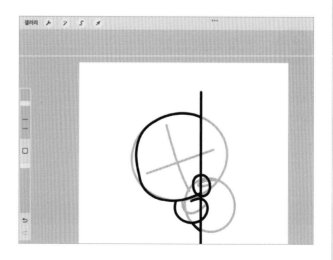

7 **얼굴과 귀 그리기**

새 레이어를 추가하여 표정과 원하는
모양의 귀를 그리고, 캐릭터의 뼈대 레
이어는 삭제합니다.

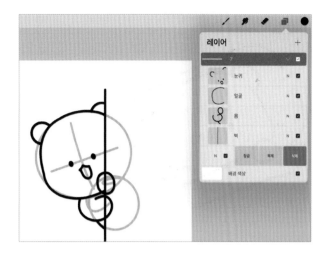

8 **라인 다듬어 마무리**

지우고 싶은 선들을 지우고 깔끔하게
라인 작업을 마무리합니다. 라인 레이
어 밑에 새로운 레이어를 추가하고 채
색하여 완성합니다.

잘자~

별, 달, 잠옷, 베게, 이불 등의 소재를 활용해 그립니다.
졸린 표정을 지어도 좋습니다.

완성 이모티콘 미리보기

기본 세팅

캔버스 크기 : 1000 x 1000px
색상&해상도 : RGB, 300dpi
브러시 : 포르포르 기본(모노라인)
브러시 포인트 : 8pt 추천

모션 응용 미리보기

움직이는 이모티콘 : 183페이지

 ⇨ ⇨

얼굴 뼈대 잡기

얼굴 원을 그립니다. 사선으로 누워있
기 때문에 얼굴도 사선으로 그립니다.

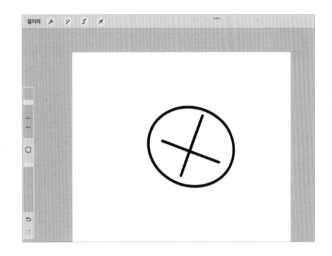

이불 위치 잡기

얼굴 뼈대 레이어 위에 새로운 레이어
를 만들어 이불 라인을 둥글게 그립니
다.

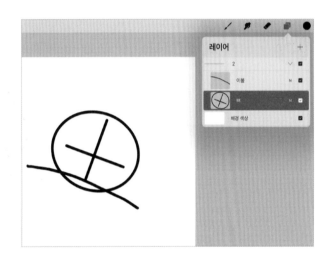

손 그리기

새 레이어를 추가하여 손을 그립니다.
이불을 잡은 손은 동그랗게 그리고 안
녕하는 손은 뒤집어진 'U' 자로 그립니
다.

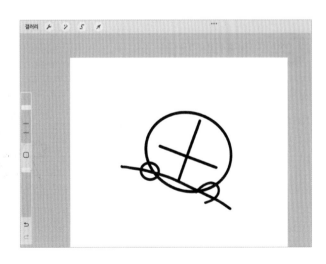

④ 머리와 표정 그리기

얼굴 뼈대 레이어의 불투명도를 조절
하고, 새 레이어를 추가하여 머리와 표
정을 그립니다.

⑤ 이불, 베게 그리기

이불과 베게를 그리고, 얼굴 뼈대 레이
어는 삭제합니다.

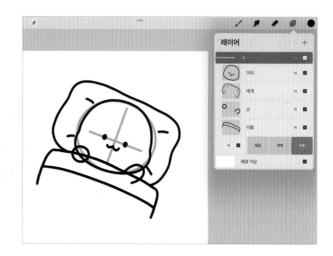

⑥ 귀와 별 그리기

레이어를 추가해 귀와 별을 그립니다.
레이어 순서를 체크해주세요. 순서는
꼭 똑같이 따라 하지 않아도 괜찮습니
다. 한 레이어에 겹치는 부분이 없도록
레이어를 나눠주세요.

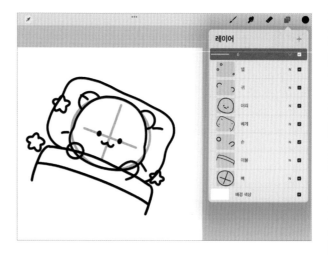

라인 다듬어 마무리

겹친 부분을 지우고 라인을 깔끔하게
다듬어줍니다. 라인 레이어 밑에 새로
운 레이어를 추가하고 채색하여 완성
합니다.

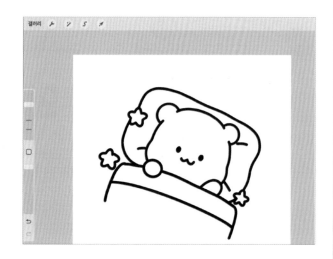

TIP. 더 이상 라인 수정이 필요 없을
때는 라인 레이어를 합쳐주세요.
두 손가락으로 꼬집듯이 레이어
를 겹치면 레이어가 합쳐집니다.
합친 레이어는 다시 풀 수 없으니
주의해서 사용하세요.

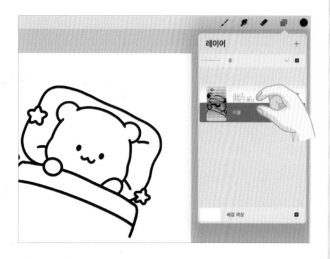

멈춰있는 이모티콘 7

우와~!

초롱초롱하게 커진 눈을 그리고 그 옆에 반짝이를 그리면
기대하는 표정이 됩니다.

완성 이모티콘 미리보기

기본 세팅

캔버스 크기 : 1000 x 1000px
색상&해상도 : RGB, 300dpi
브러시 : 포르포르 기본(모노라인)
브러시 포인트 : 8pt 추천

모션 응용 미리보기

움직이는 이모티콘 : 186페이지

 ⇨ ⇨

얼굴과 몸통 잡기

얼굴 원과 몸통 원을 그립니다. 얼굴은
정면을 보기 때문에 십자선은 얼굴 중
앙에 그립니다. 가로선은 내 캐릭터의
눈 위치에 맞게 그려주세요.

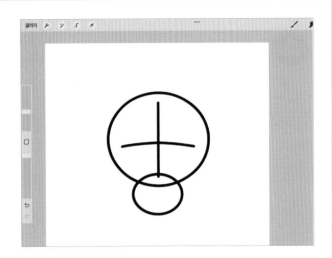

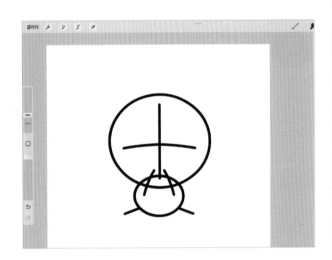 **팔다리 위치 잡기**

팔과 다리를 직선으로 표현합니다. 두
다리는 벌리고 양팔은 입 가까이 모아
주세요.

 **팔다리 그리기**

뼈대 레이어는 [N]을 눌러 불투명도를
조절해 주고, 뼈대 레이어 위에 레이어
를 하나 추가합니다. 만들어진 새 레이
어에 'U'자 형태의 둥글고 통통한 팔과
다리를 그립니다.

④ 몸통 그리기

다리 사이를 이어 그립니다.

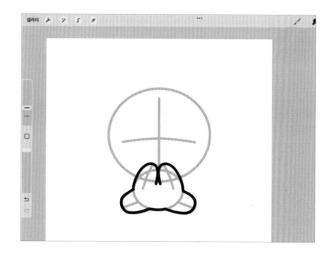

⑤ 머리 그리기

새 레이어를 추가해 머리를 그립니다.

⑥ 표정 그리기

얼굴 안에 표정을 그립니다. '우와~'하고 감탄하는 동작이기 때문에 눈은 초롱초롱하게 그려주세요.

> TIP. 초롱초롱한 눈은 먼저 검은 원으로 전체를 그린 후 위에, 흰색 브러시로 두 개의 동그라미를 그리면 쉬워요.

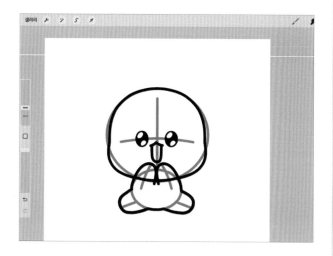

⑦ 귀와 반짝이 그리기

레이어를 추가하여 반짝이와 귀를 그립니다. 레이어 순서는 제일 위로 올라오는 것들이 위로 올 수 있게 그려주세요.

⑧ 라인 다듬어 마무리

겹친 라인을 깔끔하게 지우고 뼈대 레이어는 삭제해 주세요.
라인 레이어 밑에 새로운 레이어를 추가하고 채색하여 완성합니다.

멈춰있는 이모티콘 8

사랑해~!

뽀뽀하며 하트를 날리는 동작입니다.
하트를 잔뜩 그려 사랑이 가득한 느낌을 표현해 주세요.

완성 이모티콘 미리보기

기본 세팅

캔버스 크기 : 1000 x 1000px
색상&해상도 : RGB, 300dpi
브러시 : 포르포르 기본(모노라인)
브러시 포인트 : 8pt 추천

모션 응용 미리보기

움직이는 이모티콘 : 190페이지

 ⇨ ⇨

얼굴 뼈대 잡기

얼굴 원을 타원으로 그립니다. 캐릭터
기준으로 왼쪽을 바라보기 때문에 오
른 쪽에 십자선을 그립니다. 원은 참고
용으로 그리는 것이기 때문에 반듯하
지 않아도 됩니다.

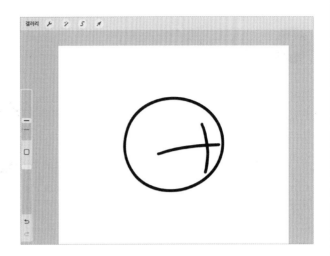

 몸통 뼈대 잡기

얼굴 원 밑에 작은 몸통 원을 그립니
다. 작은 몸은 원이 아닌 둥근 원통형
으로 그려도 자연스럽습니다.

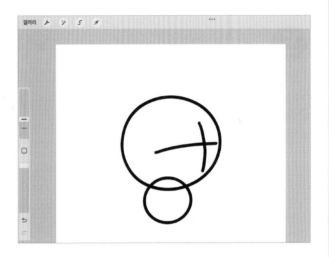

 팔다리 위치 잡기

직선으로 팔다리의 뼈대를 잡습니다.
시선 쪽으로 쭉 뻗고 있는 직선을 그립
니다.

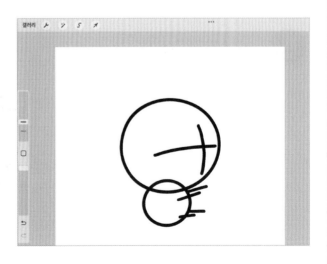

④ 머리 그리기

뼈대 레이어는 [N]을 눌러 불투명도를
조절해 주고, 뼈대 레이어 위에 레이어
를 하나 추가합니다. 만들어진 새 레이
어에 머리를 그립니다.

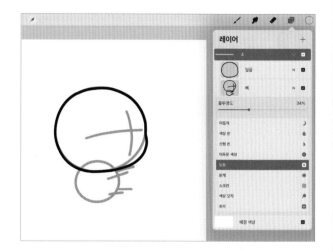

⑤ 팔다리 그리기

새 레이어를 또 추가합니다. 이번에 만
든 레이어에는 'U'자 형태의 둥글고 통
통한 팔과 다리를 그립니다.

⑥ 몸통과 귀 그리기

팔다리를 그린 레이어에 엉덩이와 등
을 둥근 'ㄴ' 자로 그려줍니다. 등 쪽이
과하게 둥글거나, 엉덩이 부근이 과하
게 각지면 어색해지니 적당히 둥글게
그려주세요.
새 레이어를 추가해 귀를 그립니다.

표정과 하트 그리기

귀를 그린 레이어나 얼굴 레이어에 이
목구비를 그립니다. 눈과 입은 십자선
위치에 맞게 배치합니다.
새 레이어를 추가해 하트도 그립니다.

 라인 다듬어 마무리

얼굴과 팔 사이, 하트와 얼굴 사이의
겹치는 라인을 지우고 라인 작업을 마
무리합니다. 뼈대 레이어는 삭제해 주
세요.
라인 레이어 밑에 새로운 레이어를 추
가하고 채색하여 완성합니다.

둠칫둠칫

신나게 춤추는 동작을 그립니다. 옆에 음표를 3~4개 그려 주세요.

완성 이모티콘 미리보기

기본 세팅

캔버스 크기 : 1000 x 1000px
색상&해상도 : RGB, 300dpi
브러시 : 포르포르 기본(모노라인)
브러시 포인트 : 8pt 추천

모션 응용 미리보기

움직이는 이모티콘 : 194페이지

 ⇨ ⇨

① 얼굴 뼈대 잡기

얼굴 원을 그립니다. 캐릭터 기준으로 오른쪽으로 이동하고 있기 때문에 얼굴 십자선은 왼쪽에 치우치게 그려주세요. 원은 타원으로 그립니다.

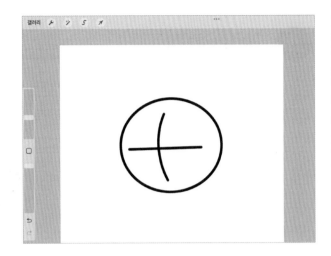

② 몸통 뼈대 잡기

몸통에 작은 원을 그립니다. 엉덩이를 쭉 빼고 춤을 추는 동작이기 때문에, 머리 원의 중앙에 오게 배치하지 않고 오른쪽으로 치우치게 그립니다.

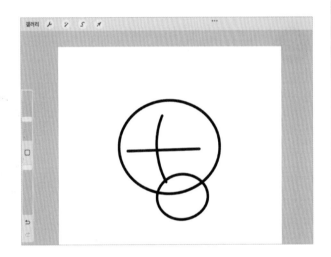

③ 팔다리 위치 잡기

팔다리 뼈대를 그려줍니다. 다리는 살짝 구부리고 팔은 흐느적거리는 느낌으로 라인을 그립니다.

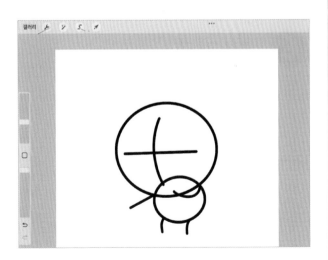

④ 팔다리 그리기

뼈대 레이어는 [N]을 눌러 불투명도를 조절해 주고, 뼈대 레이어 위에 레이어를 하나 추가합니다. 만들어진 새 레이어에 뼈대 라인을 따라 팔다리를 통통하게 그립니다.

⑤ 머리 그리기

새 레이어를 추가해 머리를 그립니다.

⑥ 몸통 그리기

팔과 다리를 그린 레이어에 몸통을 그립니다. 등에서부터 엉덩이까지 내려오는 라인은 아래가 완만한 'J'와 비슷합니다.

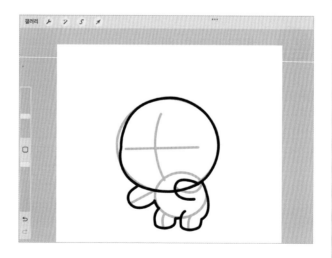

7 표정과 귀,
음표 그리기

새 레이어에 이목구비와 귀를 취향에
맞게 그려주세요. 흥겨운 느낌을 더하
기 위해 옆에 음표를 그립니다.

8 라인 다듬어 마무리

뼈대 레이어를 삭제하고, 겹치는 라인
을 지워주세요. 라인 레이어 밑에 새로
운 레이어를 추가하고 채색하여 완성
합니다.

엄지척!

얼굴 앞으로 엄지를 쭉 내민 동작입니다. 이때 엄지를 강조하기 위해 꼭 크게 그려주세요.

완성 이모티콘 미리보기

기본 세팅

캔버스 크기 : 1000 x 1000px
색상&해상도 : RGB, 300dpi
브러시 : 포르포르 기본(모노라인)
브러시 포인트 : 8pt 추천

모션 응용 미리보기

움직이는 이모티콘 : 197페이지

  ⇨   ⇨

얼굴 뼈대 잡기

얼굴 원을 타원으로 그립니다. 얼굴은
정면을 보기 때문에 십자선은 얼굴 중
앙에 그립니다.

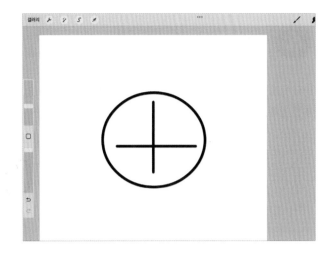

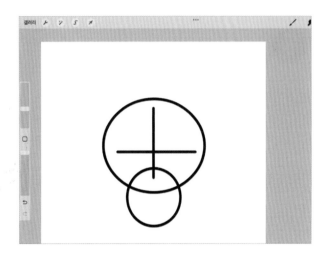 **몸통 뼈대 잡기**

몸통에 작은 원을 그립니다. 머리 원의
중앙에 오게 배치합니다.

팔다리 위치 잡기

팔 위치를 직선으로 잡아주세요. 이 과
정은 생략해도 괜찮습니다.

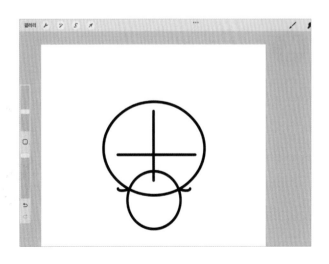

④ 손동작 그리기

뼈대 레이어는 [N]을 눌러 불투명도를
조절해주고, 뼈대 레이어 위에 레이어
를 하나 추가합니다. 만들어진 새 레이
어에 엄지척 손 동작을 그려줍니다. 등
그린 손 덩어리 위에 작은 반원이 하나
더 올라간 느낌으로 그려주세요.

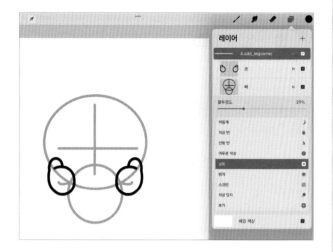

⑤ 머리 그리기

새 레이어를 추가해 머리를 그립니다.

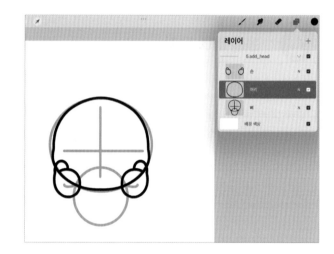

⑥ 몸통 그리기

뼈대 위치에 맞게 몸통을 그립니다.

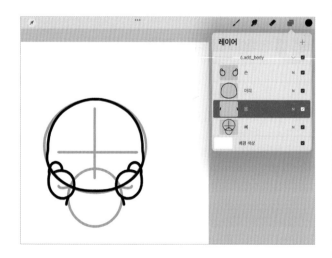

7 표정과 귀, 포인트 그리기

새 레이어를 추가하여 이목구비를 십 자선 위치에 그리고, 귀도 그려주세요. 엄지를 강조하는 포인트선도 그려줍니 다.

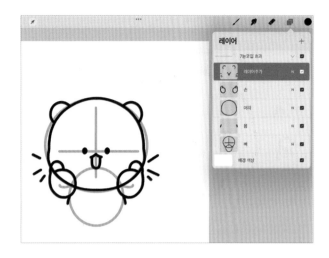

8 라인 다듬어 마무리

뼈대 레이어를 삭제하고, 얼굴과 손에 겹치는 라인을 지워주세요. 라인 레이어 밑에 새로운 레이어를 추가하고 채색하여 완성합니다.

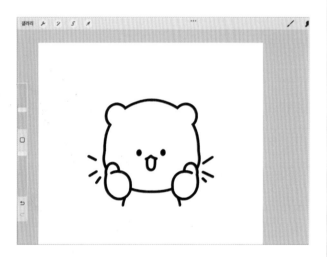

ㅋㅋㅋ

행복하게 웃는 표정을 그려주세요. 입을 크게 벌리거나, 웃
는 눈을 그려도 좋습니다.

완성 이모티콘 미리보기

기본 세팅

캔버스 크기 : 1000 x 1000px
색상&해상도 : RGB, 300dpi
브러시 : 포르포르 기본(모노라인)
브러시 포인트 : 8pt 추천

모션 응용 미리보기

움직이는 이모티콘 : 201페이지

 ⇨ ⇨

얼굴 뼈대 잡기

얼굴을 타원으로 그립니다. 캐릭터 기준으로 오른쪽으로 바라보기 때문에 십자선은 왼쪽에 치우치게 그려주세요. 십자선은 바라보는 방향에 맞게 그리면 됩니다.

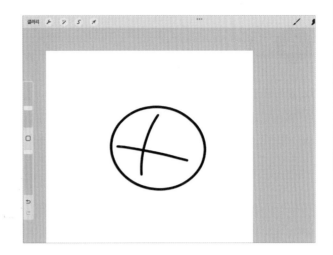

2 몸통 뼈대 잡기

위에서 눌린 형태의 원을 그립니다. 앉아있는 형태이기 때문에 원통형으로 몸통을 그려도 좋습니다.

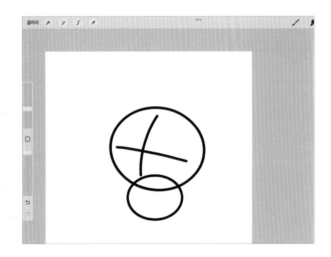

3 팔다리 위치 잡기

팔다리 위치를 선을 그려 표시해 줍니다. 뼈대 라인이 완료되었으면 [N]을 눌러 불투명도를 조절합니다.

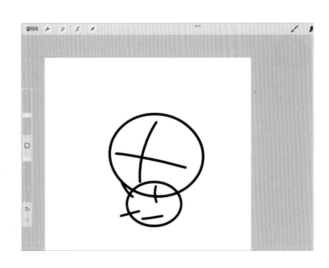

④ 팔다리 그리기

새 레이어를 추가해 팔과 다리를 그립니다.

⑤ 얼굴 그리기

새 레이어를 추가하여 얼굴을 그립니다. 머리는 십자선 기준으로 가로선 쪽(눈 쪽)이 살짝 들어가게 그리고, 볼과 턱 쪽은 조금 더 둥글게 그립니다.

> TIP. 눈 부분은 들어가고 볼은 더 둥글게 그려주세요.

⑥ 몸통과 표정 그리기

팔다리를 그린 레이어에 몸을 마저 그려줍니다. 엉덩이와 등 부분은 굴곡이 완만한 'J'를 그린다고 생각하며 그리면 좋습니다. 얼굴을 그린 레이어에는 이목구비를 그려줍니다.

7 귀와 웃는 효과 그리기

레이어 순서를 참고하여 새 레이어를 추가하고 귀를 그리고 옆에 웃는 효과를 넣어줍니다.

8 라인 다듬어 마무리

겹치거나 지저분한 라인이 있다면 지우고 다듬어줍니다. 뼈대 레이어는 삭제해 주세요.
라인 레이어 밑에 새로운 레이어를 추가하고 채색하여 완성합니다.

응!

고개를 끄덕이는 동작을 그립니다. 끄덕임이 잘 안 보인다면 옆에 곡선으로 효과 선을 그려주세요.

완성 이모티콘 미리보기

기본 세팅

캔버스 크기 : 1000 x 1000px
색상&해상도 : RGB, 300dpi
브러시 : 포르포르 기본(모노라인)
브러시 포인트 : 8pt 추천

모션 응용 미리보기

움직이는 이모티콘 : 204페이지

 ⇨ ⇨

얼굴 뼈대 잡기

얼굴 뼈대 원을 그립니다. 캐릭터가 아래를 바라보기 때문에 얼굴 십자선은 아래에 그려주세요.

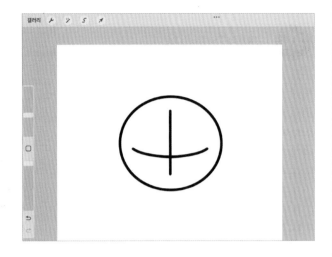

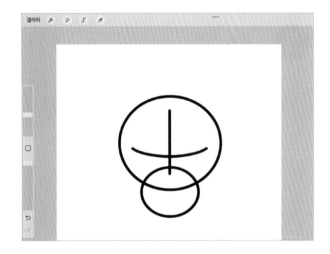 ## 몸통 뼈대 잡기

작은 원을 그려 몸통 위치를 잡습니다.

 ## 팔다리 위치 잡기

팔다리 위치를 선을 그려 표시해 줍니다.

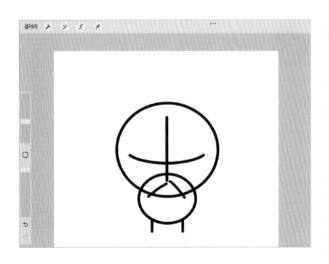

④ 팔다리 그리기

뼈대 라인의 [N]을 눌러 불투명도를 조절합니다. 새 레이어를 추가합니다. 만들어진 새 레이어에 뼈대 라인을 따라 팔다리를 통통하게 그립니다.

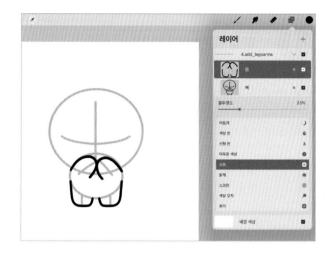

⑤ 몸통 그리기

몸통을 그립니다. 허리 부분은 팔 끝과 다리 끝을 이어준다는 느낌으로 그립니다.

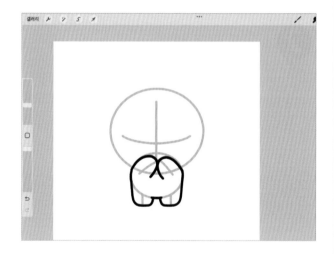

⑥ 얼굴 그리기

얼굴을 그립니다. 머리는 십자선 기준으로 가로선 쪽(눈 쪽)이 살짝 들어가게 그리고, 볼과 턱 쪽은 옆으로 살짝 튀어나온 형태로 그립니다. 과하다면 표현하지 않는 게 낫습니다. 시도해 보고 어렵다면 얼굴 굴곡은 생략해 주세요.

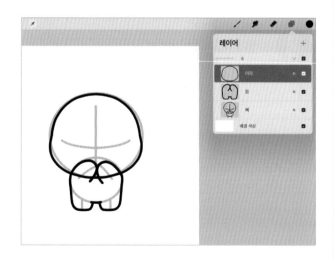

7 표정과 귀,
고개 표현 그리기

레이어를 하나 추가해 이목구비와 귀를 그립니다. 고개를 끄덕이는 효과를 ( ) 괄호를 그려 머리 옆에 표현해 줍니다.

8 라인 다듬어 마무리

겹친 라인을 깔끔하게 지우고 원하는 색으로 채색하면 완성입니다. 뼈대 레이어는 삭제해 주세요.

멈춰있는 이모티콘 13

ㅠㅠ ㅠ

쓸쓸하게 울고 있는 동작을 그립니다. 슬픈 눈과 떨어지는 눈물로 울고 있다는 걸 강조합니다.

완성 이모티콘 미리보기

기본 세팅

캔버스 크기 : 1000 x 1000px
색상&해상도 : RGB, 300dpi
브러시 : 포르포르 기본(모노라인)
브러시 포인트 : 8pt 추천

모션 응용 미리보기

움직이는 이모티콘 : 207페이지

 ⇒ ⇒

① 얼굴 뼈대 잡기

얼굴 원을 그립니다. 캐릭터 기준으로 왼쪽을 바라보기 때문에 얼굴 십자선은 오른쪽에 치우치게 그려주세요.

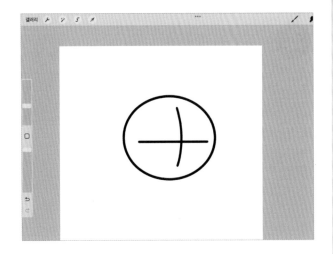

② 몸통 뼈대 잡기

작은 원으로 몸통 뼈대를 잡습니다. 머리의 중앙보다 왼쪽으로 치우치게 그려주세요. 엉덩이는 뒤에 있고 앞에 다리를 감싸고 있기 때문입니다.

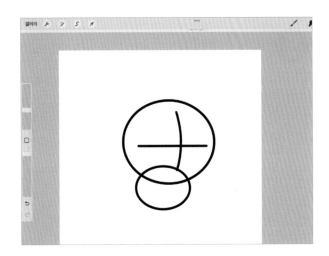

③ 팔다리 위치 잡기

구부린 팔다리를 선으로 표현해 줍니다. 잘 그리지 않아도 괜찮습니다. 뼈대 라인이 완료되었으면 [N]을 눌러 불투명도를 조절합니다.

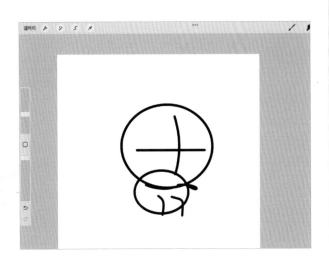

4 팔다리 그리기

새 레이어를 추가하여 팔과 다리를 그
립니다. 사람이라면 팔이 다리를 폭 감
쌀 수 있지만 2등신 캐릭터는 팔과 다
리가 짧아서 어렵습니다. 팔을 다리 위
에 얹는다는 느낌으로 그려주세요.

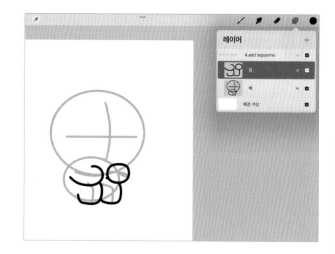

5 머리 그리기

새 레이어에 머리를 그립니다.

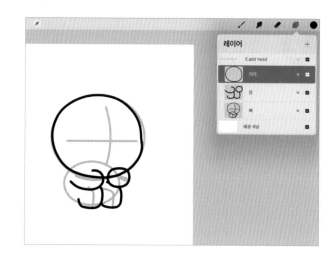

6 몸통 그리기

팔과 다리를 그린 레이어에 둥근 'ㄴ'
자를 그려 엉덩이와 등 라인을 그립니
다.

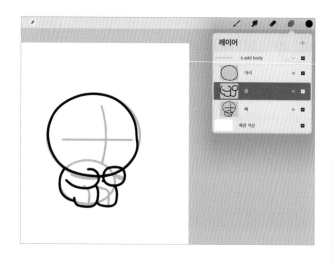

7 표정과
귀 그리기

새 레이어를 추가하여 우는 표정과 귀,
그림자를 그려줍니다. 그림자는 쓸쓸
한 표현을 할 때 넣으면 좋습니다.
다 그린 후, 뼈대 레이어는 삭제해 주
세요.

8 라인 다듬어 마무리

뼈대 레이어를 삭제하고, 얼굴과 손 사
이, 다리와 손 사이에 겹치는 라인을
지워주세요. 라인 레이어 밑에 새로운
레이어를 추가하고 채색하여 완성합니
다.

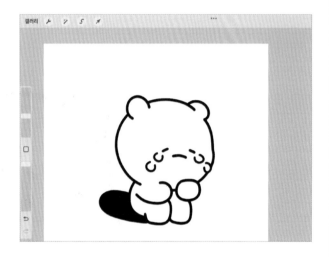

춰있는 이모티콘 14

아니~!

손으로 밀어내며 고개를 돌리는 동작입니다. 눈썹이 없는 캐릭터도 단호한 표정을 위해 눈썹을 그려줍니다.

완성 이모티콘 미리보기

기본 세팅

캔버스 크기 : 1000 x 1000px
색상&해상도 : RGB, 300dpi
브러시 : 포르포르 기본(모노라인)
브러시 포인트 : 8pt 추천

모션 응용 미리보기

움직이는 이모티콘 : 210페이지

  ⇨   ⇨

얼굴 뼈대 잡기

얼굴 원을 그립니다. 캐릭터 기준으로 오른쪽을 바라보기 때문에 얼굴 십자선은 왼쪽에 치우치게 그려주세요. 십자선은 바라보는 방향에 맞게 그리면 됩니다.

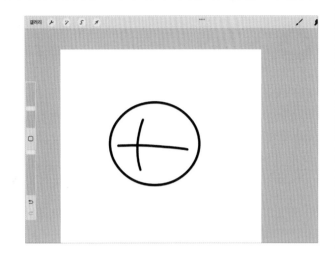

몸통 뼈대 잡기

몸통 원은 똑같이 오른쪽에 치우치게 그립니다.

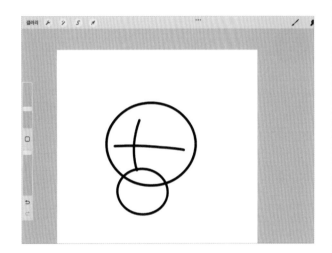

팔 위치 잡기

팔뼈대로 'L' 자 모양 선을 그립니다. 뼈대 라인이 완료되었으면 [N]을 눌러 불투명도를 조절합니다.

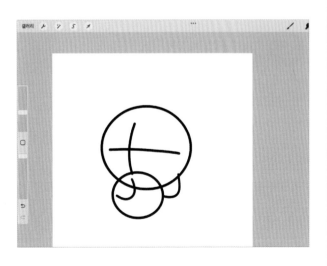

④ 팔 그리기

뼈대 레이어 위에 레이어를 하나 추가
합니다. 만들어진 새 레이어에 뼈대 라
인을 따라 팔을 통통하게 그립니다.

⑤ 머리 그리기

새로운 레이어에 머리를 그립니다.

⑥ 표정 그리기

머리 레이어에 이목구비를 그립니다.

귀와 효과 선 그리기

새 레이어를 추가해 귀와 효과 선을 그
려줍니다.

⑧ 라인 다듬어 마무리

뼈대 레이어를 삭제하고, 얼굴과 손 사
이 겹치는 라인을 지워주세요. 효과 선
은 지우지 않아도 됩니다. 라인 레이어
밑에 새로운 레이어를 추가하고 채색
하여 완성합니다.

질색

맛없는 걸 먹었을 때 어떤 표정을 짓나요? 그때의 표정을 떠올리며 '으엑'하는 표정을 그려주세요.

완성 이모티콘 미리보기

기본 세팅

캔버스 크기 : 1000 x 1000px
색상&해상도 : RGB, 300dpi
브러시 : 포르포르 기본(모노라인)
브러시 포인트 : 8pt 추천

모션 응용 미리보기

움직이는 이모티콘 : 214페이지

 **얼굴 뼈대 잡기**

얼굴을 그립니다. 사선으로 바라보기
때문에 얼굴의 각도도 사선으로, 십자
선도 사선으로 그립니다.

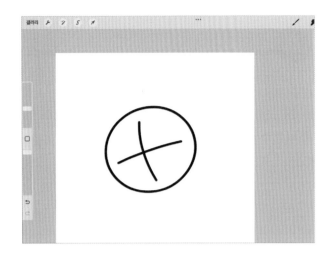

2 몸통 뼈대 잡기

몸통을 그립니다.

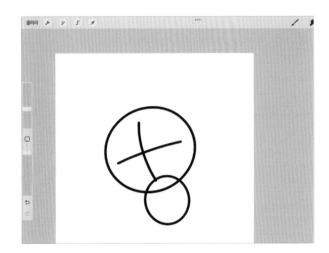

3 팔 위치 잡기

몸통 원 위로 팔 위치를 선으로 그립니
다. 한 쪽 팔은 아래로 한 쪽 팔은 입으
로 가져갑니다.

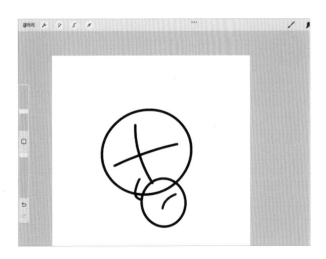

④ 팔 그리기

뼈대 라인이 완료되었으면 [N]을 눌러
불투명도를 조절합니다. 새 레이어를
추가하여 팔을 그립니다.

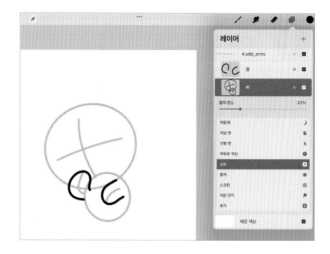

⑤ 몸통과 머리 그리기

팔 레이어에 몸통을 이어 그려주고, 새
레이어를 추가하여 머리를 그려줍니
다.

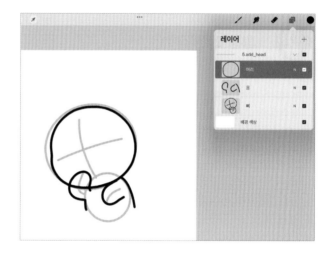

⑥ 표정 그리기

머리 레이어에 표정을 그립니다. 입은
자유롭게 그려주고, 십자선의 가로선
에 눈 위치만 맞추어 그려주세요.

귀와 효과 선 그리기

새 레이어를 추가해서 귀와 효과 선을
그려줍니다.

8 라인 다듬어 마무리

뼈대 레이어를 삭제하고, 얼굴과 손 사
이에 겹치는 라인을 지워주세요. 라인
레이어 밑에 새로운 레이어를 추가하
고 채색하여 완성합니다.

힘들어

지쳐서 쭈굴쭈굴해진 모습을 그립니다. 여기에 눈물까지
그리면 표현이 더욱 강조됩니다.

완성 이모티콘 미리보기

기본 세팅

캔버스 크기 : 1000 x 1000px
색상&해상도 : RGB, 300dpi
브러시 : 포르포르 기본(모노라인)
브러시 포인트 : 8pt 추천

모션 응용 미리보기

움직이는 이모티콘 : 217페이지

 ⇨ ⇨

① 얼굴 뼈대 잡기

힘들어서 누워있는 동작을 그려볼게
요. 바닥을 보고 누워있기 때문에 얼굴
원은 정면에서 90° 정도의 각도로 그려
줍니다. 십자선도 비슷하게 맞춰주세
요.

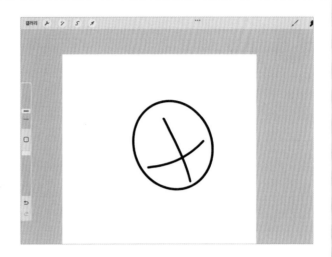

② 몸통 뼈대 잡고
팔다리 위치 잡기

작은 몸통 원을 그리고, 팔다리를 직선
으로 그립니다. 힘없이 누워있는 느낌
으로 뼈대를 잡아주면 됩니다.

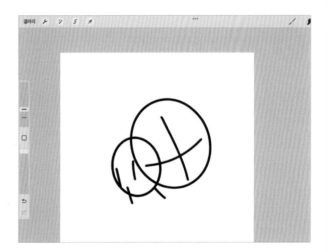

③ 팔다리 그리기

뼈대 라인이 완료되었으면 [N]을 눌러
불투명도를 조절합니다. 새 레이어를
추가해 팔과 다리를 'U' 자로 통통하게
그립니다.

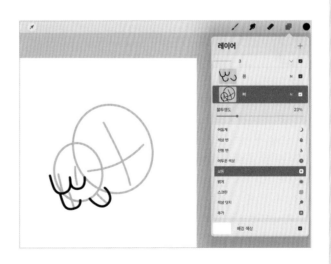

④ **머리 그리기**

새 레이어를 추가하여 머리를 그려줍
니다.

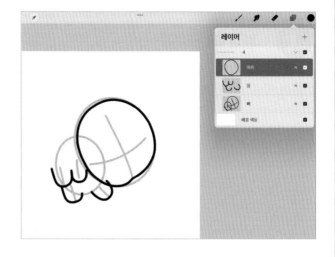

⑤ **몸통과 표정 그리기**

팔다리를 그린 레이어에 몸통을 그려
주고, 머리 레이어에 표정을 그립니다.

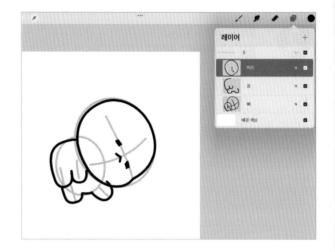

⑥ **귀, 눈물, 웅덩이 그리
고 라인 다듬어 마무리**

뼈대 레이어를 삭제하거나 체크를 해
제하고, 새 레이어를 추가하여 귀와 눈
물, 눈물 웅덩이를 그려주세요. 레이어
순서를 잘 쌓아주세요. 위에 있는 그림
일수록 레이어도 위에 있습니다. 라인
레이어 밑에 새로운 레이어를 추가하
고 채색하여 완성합니다.

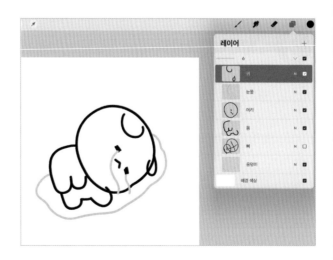

⑦ 표현 더하기

지쳐서 힘이 빠진 느낌을 더 강조하고
싶다면 캐릭터를 찌글찌글하게 그리면
됩니다. 일부러 손을 떨면서 그려주세
요.

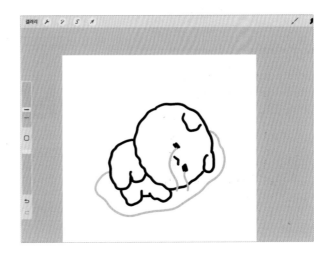

화남

화난 표정을 그리고 뒤에 불을 그려 화난 상황을 강조합니다. 불 없이 얼굴을 붉게 표현해도 좋습니다.

완성 이모티콘 미리보기

기본 세팅

캔버스 크기 : 1000 x 1000px
색상&해상도 : RGB, 300dpi
브러시 : 포르포르 기본(모노라인)
브러시 포인트 : 8pt 추천

모션 응용 미리보기

움직이는 이모티콘 : 221페이지

 ⇨ ⇨

① 얼굴과 몸통 잡기

얼굴 원과 몸통 원을 그립니다. 얼굴은 정면을 보기 때문에 십자선은 얼굴 중앙에 그립니다. 가로선은 내 캐릭터의 눈 위치에 맞게 그려주세요.

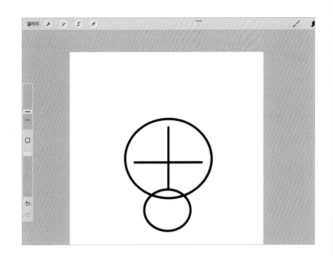

② 팔다리 위치 잡기

팔 뼈대 라인을 그립니다. 둥근 'ㄱ'자 형태로 그려주세요.

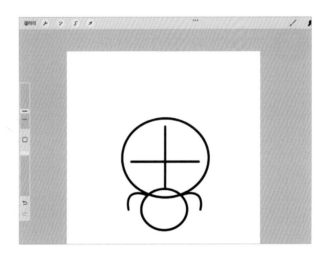

③ 팔다리 그리기

뼈대 라인이 완료되었으면 [N]을 눌러 불투명도를 조절합니다. 새 레이어를 추가해 통통한 팔을 그립니다.

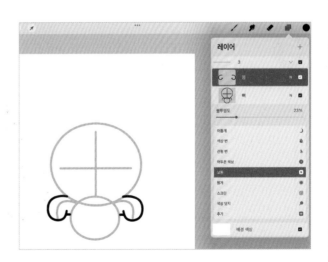

④ 몸통과 머리 그리기

팔 레이어에 몸통을 이어 그려주고, 레
이어 하나를 추가하여 얼굴을 그립니
다.

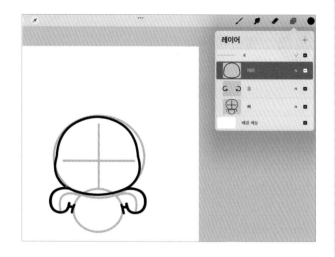

⑤ 표정과 귀 그리기

얼굴 레이어에 화난 표정을 그려주고,
레이어를 추가해 귀를 취향껏 그립니
다. 이 단계에서 머리카락 등 다양한
소품을 그려도 좋습니다.

⑥ 귀와 불 그리기

뼈대를 완성했다면 레이어를 삭제합니
다. 새로운 레이어를 추가하여 귀와 불
을 그립니다.

라인 다듬어 마무리

겹치는 라인을 깔끔하게 지우고 채색
을 하면 완성입니다.

TIP. 채색할 때 곱하기 레이어를 활용
해 표현을 극대화할 수 있어요.
① 채색을 다 하고, 채색 레이어
위에 새로운 레이어를 만들고
짙은 회색으로 칠하여 그림자
레이어를 만듭니다. 라인이 가
려져도 괜찮아요.
② 그림자 레이어의 [N] 표시를
눌러 설정을 곱하기로 바꾸고
불투명도를 조절해 주세요.
[N] 표시를 누르면 아래 보통,
밝게, 스크린 등의 항목이 나
타납니다. 이 항목은 레이어의
속성을 바꾸는 것입니다. 곱하
기 레이어는 아래에 있는 레이
어와 선택된 레이어 색을 곱해
진한 색상을 만듭니다.

사고정지

당황해서 눈이 커진 모습과 머리 위에 로딩 바를 그려 생각
이 멈춘 것을 표현해 줍니다.

완성 이모티콘 미리보기

기본 세팅

캔버스 크기 : 1000 x 1000px
색상&해상도 : RGB, 300dpi
브러시 : 포르포르 기본(모노라인)
브러시 포인트 : 8pt 추천

모션 응용 미리보기

움직이는 이모티콘 : 225페이지

얼굴 뼈대 잡기

얼굴 원을 그립니다. 얼굴 원의 각도는 15° 틀어서 그리고, 십자선도 맞춰 그립니다. (원하는 만큼 틀어서 그리면 됩니다. 정답은 없습니다.)

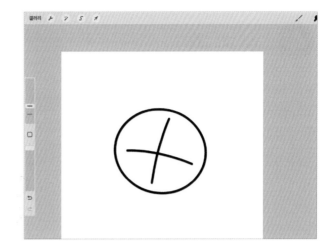

2 몸통 뼈대 잡기

몸통 원을 그립니다. 얼굴보다 작게 그립니다.

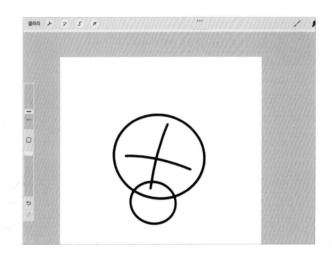

3 팔다리 위치 잡기

팔다리 뼈대 라인을 그립니다.

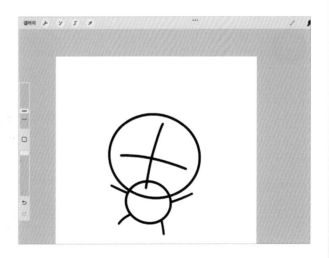

④ 팔다리 그리기

뼈대 라인이 완료되었으면 [N]을 눌러
불투명도를 조절합니다. 새 레이어를
추가하여 뼈대 라인에 맞춰 팔다리를
그립니다.

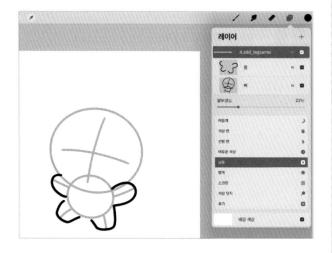

⑤ 몸통과 머리 그리기

팔다리를 그린 레이어에 몸통을 그려
주고, 새 레이어를 추가해 머리를 그립
니다.

**⑥ 표정과
귀 그리기**

새로운 레이어를 추가하여 놀란 표정
과 귀를 그립니다.

7 로딩 효과 그리기

새 레이어를 추가하여 로딩 중 효과를
머리 위에 그립니다.

8 라인 다듬어 마무리

겹치는 라인을 깔끔하게 지우고 라인
레이어 밑에 새로운 레이어를 추가하
여 채색하여 완성합니다.

봄

봄과 어울리는 꽃을 그려 계절감을 표현해 줍니다. 캐릭터도 꽃받침 하는 동작을 그려주세요.

완성 이모티콘 미리보기

기본 세팅

캔버스 크기 : 1000 x 1000px
색상&해상도 : RGB, 300dpi
브러시 : 포르포르 기본(모노라인)
브러시 포인트 : 8pt 추천

모션 응용 미리보기

움직이는 이모티콘 : 229페이지

 ⇨ ⇨

① 얼굴과 몸통 잡기

얼굴 원과 몸통 원을 그립니다. 얼굴은
정면을 보기 때문에 십자선은 얼굴 중
앙에 그립니다.

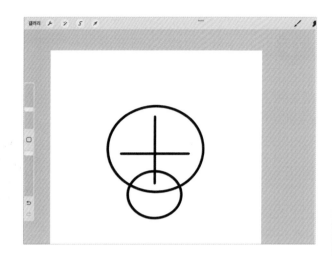

② 팔 위치 잡기

팔 뼈대 라인을 그립니다. 볼에 손을
가져다 댄 형태로 그립니다.

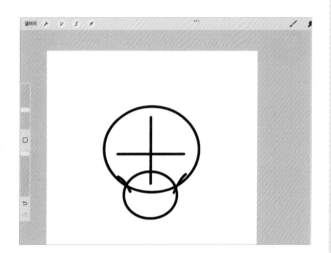

③ 꽃밭 그리기

뼈대 라인이 완료되었으면 [N]을 눌러
불투명도를 조절하고, 새 레이어를 만
들어 캐릭터 앞에 꽃을 그립니다.

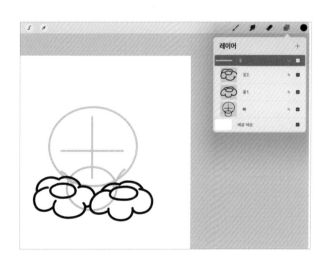

④ 추가 꽃 그리기

앞에 꽃 두 개를 그렸다면 뒤에 꽃 두
개도 추가로 그립니다.

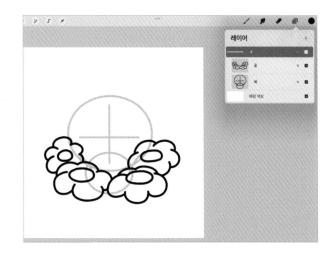

⑤ 잔디 추가하기

레이어 하나를 추가하여 허전해 보이
는 부분에 잔디를 그립니다. 잔디는 생
략해도 좋습니다.

⑥ 머리와 팔 그리기

꽃과 잔디를 다 그렸으면 [N]을 눌러
불투명도를 흐리게 조절하고, 새로운
레이어를 추가하여 캐릭터의 머리와
팔을 그립니다. 캐릭터는 꽃받침을 하
고 있습니다.

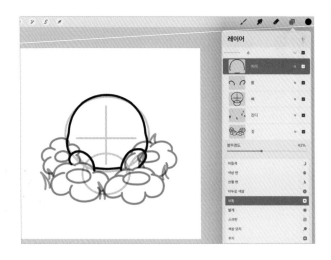

7 표정과 흘날리는 꽃 그리기

레이어를 추가해 캐릭터의 표정과 귀, 흘날리는 꽃을 그려줍니다. 레이어를 나눠 그렸지만 합쳐서 그려도 상관없습니다.

8 라인 다듬어 마무리

뼈대 레이어를 삭제하고, 꽃과 잔디의 불투명도를 100으로 바꿉니다. 꽃과 잔디 등 겹치는 부분의 라인을 정돈하고 라인 레이어 밑에 새로운 레이어를 추가하고 채색하여 완성합니다.

여름

여름 하면 생각나는 이미지인 수박과 선풍기를 그립니다.
시원한 바람은 효과 선으로 표현합니다.

완성 이모티콘 미리보기

기본 세팅

캔버스 크기 : 1000 x 1000px
색상&해상도 : RGB, 300dpi
브러시 : 포르포르 기본(모노라인)
브러시 포인트 : 8pt 추천

모션 응용 미리보기

움직이는 이모티콘 : 234페이지

 ⇨   ⇨

① 얼굴과 몸통 잡기

얼굴 원을 그립니다. 캐릭터 기준으로 오른쪽을 바라보기 때문에 얼굴 십자선은 왼쪽에 치우치게 그려주세요. 몸통 원도 작게 그립니다.

② 팔다리 위치 잡기

팔 다리 뼈대를 그립니다. 다리는 쭉 뻗고, 수박을 든 팔 한 쪽은 올리고 다른 팔은 내려 그려주세요.

③ 팔다리 그리기

뼈대 라인이 완료되었으면 [N]을 눌러 불투명도를 조절하고, 새 레이어를 만들어 팔다리를 그립니다.

④ 몸통과 얼굴 그리기

팔다리 레이어에 엉덩이와 등을 이어
서 그리고, 배 부분도 그립니다. 새 레
이어를 만들어 머리를 그립니다.

⑤ 수박과 매트 그리기

레이어 두 개를 추가하여 각 레이어에
수박과 바닥 매트를 그립니다.

⑥ 표정과 선풍기 그리기

얼굴 레이어에 표정을 그려주고, 새 레
이어를 추가하여 선풍기 대를 그립니
다. 뼈대 레이어는 표정을 그렸다면 삭
제하거나 체크를 해제해 주세요.

7 선풍기 완성하고 귀 그리기

선풍기의 머리 부분을 그리고 버튼도 그려줍니다. 새 레이어를 추가해 귀도 그립니다.

8 라인 다듬어 마무리

겹치는 부분의 라인을 지우고 바람이 날리는 표현까지 그리면 라인은 완성 입니다.
라인 레이어 밑에 새로운 레이어를 추가하고 채색하여 완성합니다.

가을

쓸쓸하게 낙엽 지는 모습을 그려줍니다. 채색할 때 노란색이나 갈색 계열을 사용해 가을을 표현해 줍니다.

완성 이모티콘 미리보기

기본 세팅

캔버스 크기 : 1000 x 1000px
색상&해상도 : RGB, 300dpi
브러시 : 포르포르 기본(모노라인)
브러시 포인트 : 8pt 추천

모션 응용 미리보기

움직이는 이모티콘 : 238페이지

 ⇒   ⇒

① 얼굴과 몸통 잡기

얼굴 원을 그립니다. 캐릭터 기준으로
오른쪽을 바라보기 때문에 얼굴 십자
선은 왼쪽에 치우치게 그려주세요. 몸
통 원도 작게 그립니다.

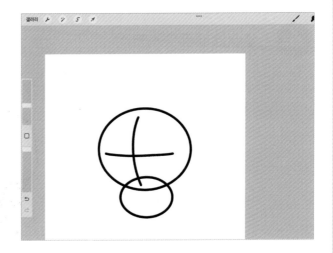

② 팔다리 위치 잡기

팔다리 뼈대 라인을 그려줍니다.

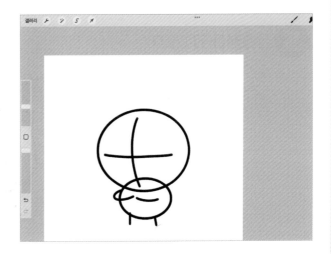

③ 팔다리 그리기

뼈대 레이어의 [N]을 눌러 불투명도를
조절하고, 새 레이어를 만들어 통통한
팔다리를 그립니다.

④ 얼굴과 코트 그리기

레이어 두 개를 추가해 하나에는 얼굴을 그리고, 다른 하나에는 코트를 그려줍니다.

⑤ 표정과 귀 그리기

새 레이어를 추가해 표정과 귀를 그립니다.

⑥ 낙엽 더미 그리기

뼈대 레이어를 삭제하고 레이어를 하나 만들어 낙엽 더미를 그려줍니다. 구름을 그리듯 구불구불하게 그려주세요.

라인 다듬어 마무리

겹쳐서 헷갈리는 라인들을 지워 깔끔
하게 만들어주세요.

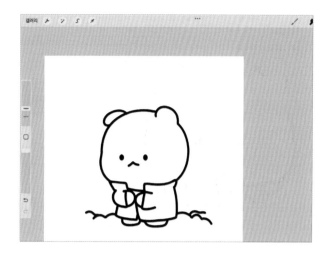

8 **낙엽 추가하기**

레이어를 하나 추가하여 떨어지는 낙
엽을 그리면 라인은 완성입니다. 라인
레이어 밑에 새로운 레이어를 추가하
고 채색하여 완성합니다.

겨울

겨울 하면 떠오르는 눈과 붕어빵을 그립니다. 추운 밖에 있었다는 걸 알려주는 콧물도 그려주세요.

완성 이모티콘 미리보기

기본 세팅

캔버스 크기 : 1000 x 1000px
색상&해상도 : RGB, 300dpi
브러시 : 포르포르 기본(모노라인)
브러시 포인트 : 8pt 추천

모션 응용 미리보기

움직이는 이모티콘 : 242페이지

  ⇨   ⇨

얼굴과 몸통 잡기

얼굴 원과 작은 몸통 원을 그립니다.
정면을 바라보기 때문에 십자선을 중
앙에 놓습니다.

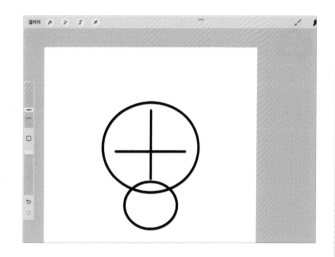

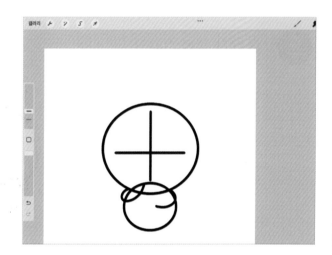 **팔다리 위치 잡기**

팔 뼈대를 그립니다.

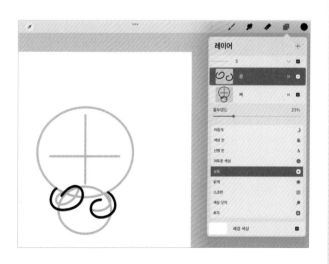 **팔 그리기**

[N]을 눌러 불투명도를 조절하고, 새
레이어를 만들어 통통한 팔을 그립니
다.

④ 몸통과 머리 그리기

팔 레이어에 몸통을 이어 그려주고, 새
레이어를 추가해 머리를 그립니다.

⑤ 소품과 콧물 그리기

새 레이어를 추가하여 소품을 그립니
다. 목도리와 물방울 모양의 콧물을 그
려주세요.

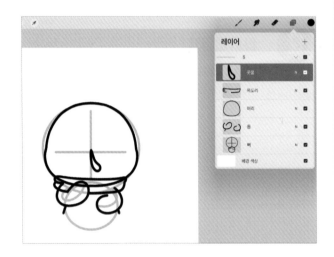

⑥ 표정 그리기

새 레이어를 추가하여 귀와 표정을 그
립니다. 표정을 그렸다면 뼈대 레이어
는 삭제해 주세요.

7 붕어빵과 눈 그리기

새 레이어를 추가해 붕어빵 봉지와 붕어빵, 머리 위에 쌓인 눈을 그려줍니다.

8 라인 다듬어 마무리

겹친 라인은 깔끔하게 지웁니다. 깔끔하게 지운 라인은 합치거나 폴더를 만들어 정리해 주세요. 라인 레이어 밑에 새로운 레이어를 추가하고 채색하여 완성합니다.

명절

명절은 한복이 떠오르죠. 캐릭터에게 한복을 입혀볼까요?
캐릭터가 작으면 옷고름 등은 생략해도 좋습니다.

완성 이모티콘 미리보기

기본 세팅

캔버스 크기 : 1000 x 1000px
색상&해상도 : RGB, 300dpi
브러시 : 포르포르 기본(모노라인)
브러시 포인트 : 8pt 추천

모션 응용 미리보기

움직이는 이모티콘 : 246페이지

 ⇨ ⇨

❶ 얼굴 뼈대 잡기

얼굴 원 두 개를 그립니다. 정면을 바라보기에 십자선은 중앙에 배치합니다.

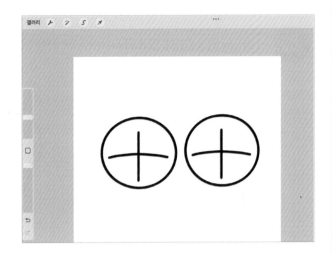

❷ 몸통 뼈대 잡기

작은 몸통 원 두 개를 그립니다.

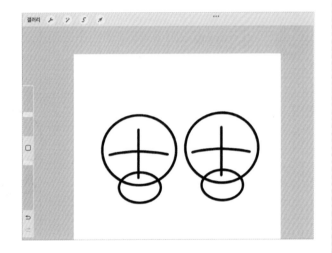

❸ 팔다리 위치 잡기

팔다리 뼈대 라인을 그립니다. 무릎을 구부리고 있는 형태입니다.

4 팔다리와 머리 그리기

뼈대를 다 그렸으면 [N]을 눌러 불투
명도를 조절하고, 새 레이어를 만들어
통통한 팔다리와 머리를 그립니다.

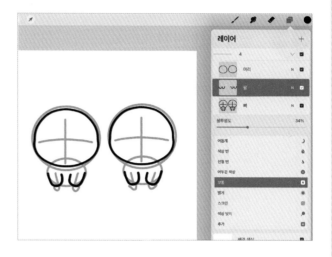

5 옷 그리기

새 레이어를 추가하여 한복을 입혀주
세요. 캐릭터가 작기 때문에 디테일한
부분은 그리지 않습니다.

6 방석과 귀 그리기

레이어 두 개를 추가하여 하나에는 방
석을 하나에는 귀를 그립니다.

족두리와 모자 그리기

레이어를 추가하여 족두리와 도련님
모자(복건)를 그립니다.

 **라인 다듬어 마무리**

겹치는 레이어를 지워 라인 작업을 마
무리합니다. 라인 레이어 밑에 새로운
레이어를 추가하고 채색하여 완성합니
다.

크리스마스

트리와 선물을 그려 크리스마스 분위기를 내줍니다. 캐릭터에게 산타옷을 입히거나, 모자를 씌워도 좋습니다.

완성 이모티콘 미리보기

기본 세팅

캔버스 크기 : 1000 x 1000px
색상&해상도 : RGB, 300dpi
브러시 : 포르포르 기본(모노라인)
브러시 포인트 : 8pt 추천

모션 응용 미리보기

움직이는 이모티콘 : 250페이지

 ⇨   ⇨

① 얼굴과 몸통 잡기

얼굴 원을 그립니다. 캐릭터 기준으로 오른쪽을 바라보기 때문에 얼굴 십자선은 왼쪽에 치우치게 그려주세요. 몸통 원도 작게 그립니다.

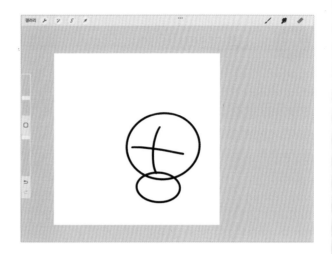

② 머리 그리기

뼈대를 다 그렸으면 뼈대 레이어의 [N]을 눌러 불투명도를 조절하고, 새 레이어를 만들어 머리를 그립니다.

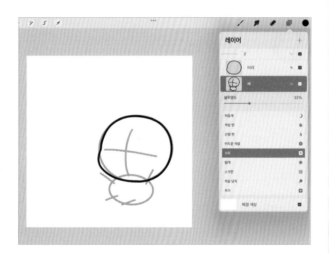

③ 팔다리와 몸통, 표정 그리기

새 레이어를 만들어 통통한 팔다리와 몸통을 추가해 주고, 머리 레이어에 표정을 그립니다.

④ 소품 그리기

새 레이어를 추가해 소품을 그립니다.
별과 산타 모자, 귀를 그려주세요. 라인
을 다 그린 후 뼈대 레이어를 삭제하거
나 체크 해제합니다.

⑤ 선물 상자 그리기

몸통 레이어 아래에 레이어를 하나 만
들어 선물 상자를 그립니다.

⑥ 트리 그리기

새 레이어를 만들어 트리도 그려줍니
다.

7 장식 추가하기

새 레이어를 추가하여 트리 장식과 반짝이 효과 선, 선물 리본을 그립니다.

8 라인 다듬어 마무리

겹치는 레이어를 지우개로 깔끔하게 지워주세요. 라인 레이어 아래 새로운 레이어를 추가하고 원하는 색으로 채색하면 완성입니다.

Chap 5.
8컷으로 움직이는
이모티콘 완성하기

자연스러운 움직임 만들기 어렵지 않아요. 최소 3컷에서 최대 8컷만
그리면 움직이는 이모티콘을 완성할 수 있어요. 24개의 다양한 예제
로 움직임을 마스터해보세요.

안녕~!

손을 들어 좌우로 흔드는 모션을 그려줍니다. 옆에 하트도
작았다가 커지도록 그립니다.

완성 이모티콘 미리보기

멈춤 이모티콘 : 66페이지

과정 한눈에 보기

1

2

3

4

5 3번 복제

6 2번 복제

기본 세팅

캔버스 크기 : 1000 x 1000px
색상&해상도 : RGB, 300dpi
브러시 : 포르포르 기본(모노라인)
브러시 포인트 : 8pt 추천

① 1번 동작 그리기

1번 동작을 그립니다. 한쪽 손을 번쩍
든 형태로 그려주세요. 허리는 내린 손
쪽으로 구부립니다.

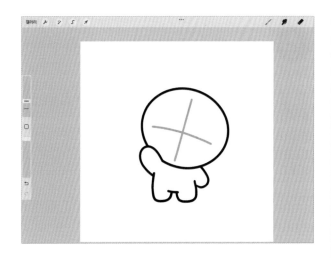

② 애니메이션 어시스트 스킨 프레임 조정하기

애니메이션 어시스트를 키고 애니메이
션 어시스트의 어니언 스킨 프레임은 1
로 조정합니다. 어니언 스킨 프레임은
사이 동작을 그리기 쉽도록, 앞뒤 프레
임을 보여주는 기능입니다. 예를 들어
2로 설정하면 전전 프레임, 전 프레임,
다음 프레임, 그다음 프레임 총 4장을
흐릿하게 보여줍니다.

③ 4번 동작 그리기

4번 동작을 그립니다. 발끝 위치는 고
정해 그리고, 1번 동작에서 허리를 바
로 세워 그립니다. 옆에 하트도 그려주
세요.

> TIP. 발끝은 둘 다 바닥에 고정된 상
> 태로 상체만 흔들리는 모션입니
> 다. 직접 동작을 따라 해보면 허
> 리만 움직인다는 걸 알 수 있어
> 요.

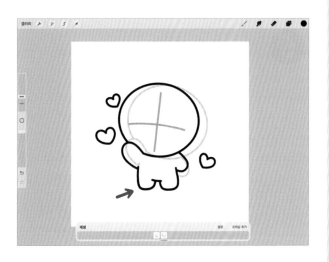

2번 동작 그리기

1번 동작과 4번 동작 사이 과정인 2번 동작을 그립니다. 모든 모션은 동작의 끝과 끝을 그리고 그사이 동작을 그리면 쉽습니다. 1번에서 허리를 덜 굽힌 상태를 그리고 주위에 아주 작은 하트를 그려주세요.

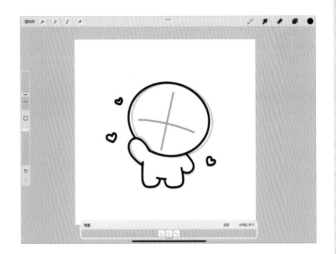

5 **3번 동작 그리기**

이제 네 번째 동작의 바로 앞 동작인 3번 동작입니다. 아까 그린 2번 동작에서 허리가 덜 굽어진 상태로 그리고, 하트는 2번보다 조금 더 커진 형태로 그려주세요.

6 **5번 동작 그리기**

5번 동작은 3번 동작을 복제하여 만듭니다. 3번 동작을 복제하여 4번 동작의 다음 순서로 옮겨주세요. 레이어 위치를 위로 올리면 다음 순서가 됩니다. 복제한 3번에 그렸던 하트는 지우고 4번보다 큰 하트를 그려주세요.

6번 동작 그리기

6번 동작은 2번 동작을 복제해서 만듭니다. 2번 동작에 원래 있던 하트는 지우고 5번보다 더 큰 하트를 그려주세요.

8 초당 프레임 설정하기

초당 프레임은 9~12 사이로 취향에 맞게 설정하면 됩니다. 순서에 맞게 레이어를 설정하고 재생해 보세요.

움직이는 이모티콘 2

어디야!

팔을 올릴 때 팔만 올리면 동작이 작아 잘 안 보이기 때문에 몸까지 뒤로 젖혀서 그리면 좋습니다.

완성 이모티콘 미리보기

멈춤 이모티콘 : 70페이지

과정 한눈에 보기

1

2

3

4 6번 복제

5 6번 복제

6

7

8

기본 세팅

캔버스 크기 : 1000 x 1000px
색상&해상도 : RGB, 300dpi
브러시 : 포르포르 기본(모노라인)
브러시 포인트 : 8pt 추천

① 1번 동작 그리기

1번 동작을 그립니다. 몸 형태는 차렷
형태에 가깝게 그립니다. 한 손에는 망
원경을 그려줍니다. 애니메이션 어시
스트를 켜고 다음 동작을 그릴 준비를
합니다.

② 6번 동작 그리기

6번 동작을 그립니다. 망원경을 들고
있던 팔을 올려 눈에 가까이 대는 포즈
로 그려주세요. 발 한 쪽은 앞으로 구
부려 몸을 숙인 것처럼 그리고 나머지
팔도 들어줍니다. 망원경 옆에는 반짝
이를 그립니다.

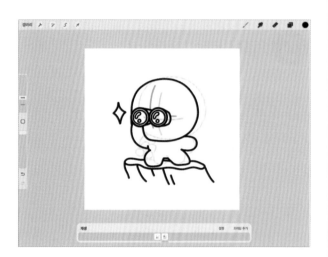

③ 2번 동작 그리기

이제 팔을 들기 전 과정을 그립니다. 2
번 동작부터 그려주세요. 극적인 효과
를 위해 몸통을 뒤로 기울여주세요.
양팔은 살짝 들어 올립니다. 다리도 한
쪽만 들어 올립니다.

> TIP. 한쪽 발은 회전축이기 때문에 이
> 동하지 않습니다.

3번 동작 그리기

3번 동작을 그립니다. 몸통을 뒤로 쓰러질 듯 기울여서 그리고 망원경을 든 팔은 더 들어 올립니다. 회전축으로 쓰는 발은 움직이지 않고 반대쪽 발만 들어 올립니다.

 4번 동작 그리기

4번 동작을 만듭니다. 6번 동작을 복제하여 가로로 늘리고 몸통을 납작하게 만듭니다. 헷갈릴 수 있으니 복제된 레이어는 4번으로 이름을 바꿔주세요.

> TIP. 커서 모양의 아이콘을 누르고 박스 메뉴의 자유 형태를 선택하여 캐릭터의 크기를 자유롭게 수정해 주세요.

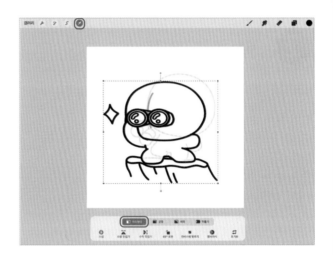

5번 동작 그리기

5번 동작을 만듭니다. 6번 동작을 복제하여 세로로 늘려서 몸통을 세로로 길게 만듭니다. 헷갈릴 수 있으니 복제된 레이어는 5번으로 이름을 바꿔주세요.

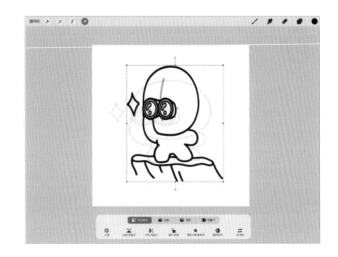

 **7번 동작 그리기**

7번 동작을 만듭니다. 6번 동작과 비슷
하게 그리되 망원경을 들지 않은 팔만
살짝 내려 그려주세요. 반짝이도 더 크
게 그립니다.

> TIP. 반짝이는 크기를 자유롭게 그려
> 보세요. 자연스럽게 반짝이는 느
> 낌이 들 거예요.

8 8번 동작 그리기

8번 동작을 만듭니다. 7번 동작과 비슷
하게 그리되 망원경을 들지 않은 팔만
살짝 내려 그립니다. 반짝이도 다시 그
려주세요. 초당 프레임은 9~12 사이로
취향에 맞게 설정합니다. 순서에 맞게
레이어를 설정하고 재생해 보세요.

> TIP. 땅은 계속 그리지 않고 복제해서
> 그려도 됩니다.

움직이는 이모티콘 3

밥!

밥 먹고 신난 동작을 그립니다. 입 모양은 물결 모양의 흔들림을 바꿔가며 계속 그려주세요.

완성 이모티콘 미리보기

멈춤 이모티콘 : 74페이지

과정 한눈에 보기

1

2

3
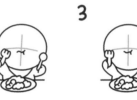

4
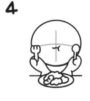

5

6

7

8 2번 복제

9 3번 복제

10 4번 복제

11 5번 복제

12 6번 복제

기본 세팅

캔버스 크기 : 1000 x 1000px
색상&해상도 : RGB, 300dpi
브러시 : 포르포르 기본(모노라인)
브러시 포인트 : 8pt 추천

① 4번 동작 그리기

정면 기준으로 포크랑 스푼을 들고 먹고 있는 캐릭터를 그려주세요. 음식은 좋아하는 음식으로 그립니다. 이 동작은 4번 동작이 됩니다. 다 그린 후 애니메이션 어시스트를 켜주세요.

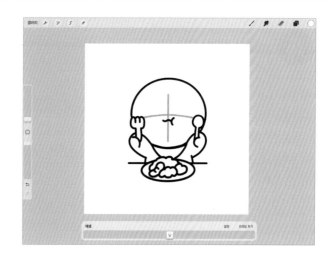

② 1번 동작 그리기

캐릭터가 왼쪽으로 숙인 동작을 그립니다. 캐릭터의 오른손은 길게 위로 올려주세요. 책상과 음식은 움직이지 않습니다. 이 동작은 1번 동작입니다.

> TIP. 팔이 짧기 때문에 위로 올린 손 표현이 어렵다면 원래 팔보다 살짝 길게 그려주세요.

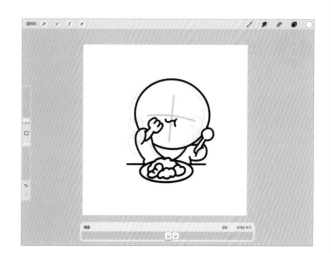

③ 7번 동작 그리기

캐릭터가 오른쪽으로 숙인 동작을 그립니다. 캐릭터의 왼손은 길게 위로 올려주세요. 책상과 음식은 움직이지 않습니다. 이 동작은 7번 동작입니다.

④ 2번 동작 그리기

캐릭터가 왼쪽에서부터 올라오는 동작을 그립니다. 1~4번 사이 동작 중 2번 동작부터 그려주세요. 2번 동작은 서서히 올라오는 동작입니다. 1번보다는 조금 더 올라오게 작업해 주세요.

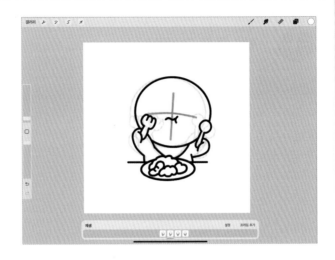

⑤ 3번 동작 그리기

3번 동작을 그립니다. 정면에서 왼쪽으로 살짝 숙인 형태입니다. 거의 정면이랑 비슷합니다. 뒤 동작을 보며 그리면 훨씬 쉽습니다.

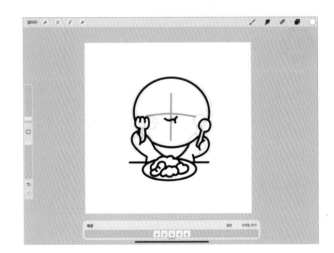

⑥ 5번 동작 그리기

5번 동작을 그립니다. 정면에서 오른쪽으로 살짝 숙인 형태입니다. 3번 동작과 뒤집어진 형태로 거의 비슷합니다.

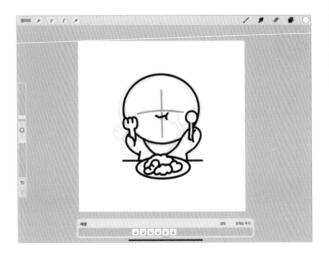

❼ 6번 동작 그리기

6번 동작을 그립니다. 오른쪽으로 조금
더 숙인 형태입니다. 2번 동작과 뒤집
어진 형태로 거의 비슷합니다.

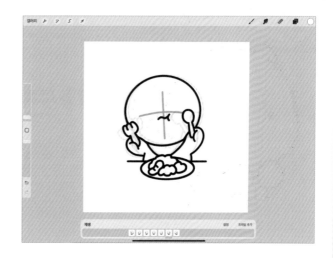

❽ 레이어 복제하여 순서 재배치하기

이제 2~6번까지 복제해 역순으로 6, 5,
4, 3, 2 레이어 순서를 배치합니다. 되
돌아가는 동작이 필요하기 때문이에
요. 이제 재생해 보세요. 초당 프레임은
9~12 사이로 취향껏 설정하면 됩니다.

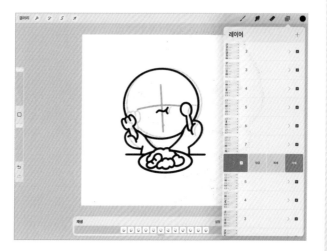

움직이는 이모티콘 4

가는 중~!

킥보드를 타고 달릴 때 다리 모양은 안 바뀌어도 됩니다.
옆에 흩날리는 표현만 계속 바뀔 수 있게 그려주세요.

완성 이모티콘 미리보기

멈춤 이모티콘 : 78페이지

과정 한눈에 보기

1

2

3

기본 세팅

캔버스 크기 : 1000 x 1000px
색상&해상도 : RGB, 300dpi
브러시 : 포르포르 기본(모노라인)
브러시 포인트 : 8pt 추천

① **1번 동작 그리기**

킥보드를 타고 앞으로 향하는 동작을
그립니다. 그리는 방법은 앞의 챕터 멈
춰있는 이모티콘 그리기의 '가는 중'을
참고해 주세요. (p.78). 이 동작이 1번
동작이 됩니다. 다 그린 후, 애니메이션
어시스트를 켜주세요.

② **1번 동작 편집하기**

1번 동작을 복제하고 전체 선택을 한
후 살짝 앞으로 이동시켜 주세요.

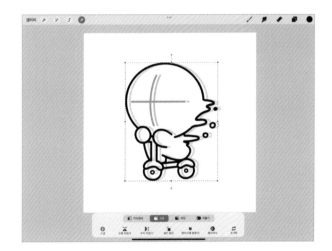

③ **2번 동작 그리기**

바퀴가 굴러가는 효과를 표현하기 위
하여 바퀴 옆에 효과 선 몇 개를 그리
고, 캐릭터 옆에 지그재그로 흩날리는
몸 부분만 지워서 다시 그립니다.

TIP. 흩날리는 부분은 자유롭게 그려
주세요. 자연스럽게 날리는 표현
을 위해 똑같이 따라 그리지 않
아요.

3번 동작 그리기

2번 동작을 복제하고 전체 선택을 한 후 살짝 앞으로 이동합니다. 바퀴에 있는 효과 선은 조금 더 길게 그려주세요. 캐릭터 옆에 지그재그로 흩날리는 부분만 다시 지우고 그립니다. 자유롭게 그리면 됩니다. 초당 프레임은 12~15 사이로 취향에 맞게 설정하면 동작이 완성됩니다.

움직이는 이모티콘 5

뭐해~?

빼꼼하고 튀어나오는 동작입니다. 눌린 동작을 추가해야 훨씬 생동감 있습니다.

완성 이모티콘 미리보기

멈춤 이모티콘 : 82페이지

과정 한눈에 보기

1

2

3

4

5

6

7 6번과 동일

8 6번과 동일

기본 세팅

캔버스 크기 : 1000 x 1000px
색상&해상도 : RGB, 300dpi
브러시 : 포르포르 기본(모노라인)
브러시 포인트 : 8pt 추천

1 1번 동작 그리기

1번 동작을 그립니다. 벽을 잡고 있는 동그란 손과 살짝 튀어나온 얼굴을 그려주세요. 완성 후 애니메이션 어시스트를 켜주세요.

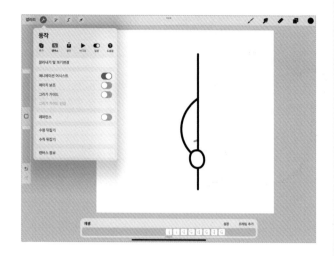

2 6번 동작 그리기

6번 동작을 그립니다. 빼꼼하고 얼굴만 벽 바깥으로 내민 형태입니다. 이 모션의 최종 동작입니다.

> TIP. 손으로 벽을 짚고 옆으로 나오기 때문에 손 위치가 이동하면 이상해져요. 손 위치가 변경되지 않도록 주의해 주세요.

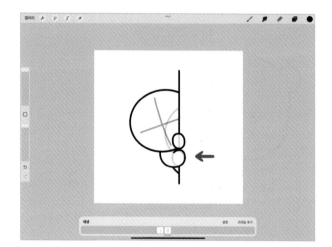

3 2번 동작 그리기

사이 동작을 그립니다. 2번 동작은 손 위치를 유지한 채로 머리만 조금 더 옆으로 나온 형태입니다.

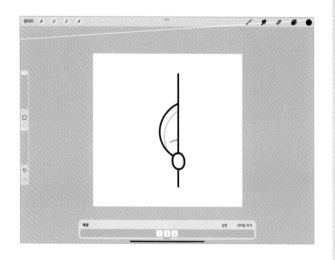

④ 3번 동작 그리기

3번 동작은 한 손은 길게 쭉 뺀 상태로 얼굴의 3/4 정도를 내민 형태입니다. 6번 동작과 비슷하지만 6번보다는 덜 튀어나온 형태라고 보면 됩니다.

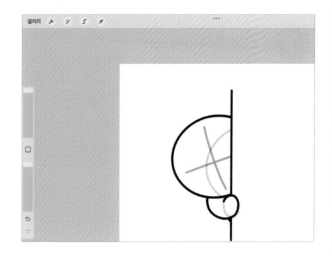

⑤ 4번 동작 그리기

4번 동작은 과장해서 그리는 동작입니다. 반동 표현을 위해 머리를 세로로 길게 표현하여 그려주세요. 한 손은 동그라미로 한 손은 3번 동작과 비슷하게 그리고 얼굴은 길게 그립니다. 이 동작에서는 얼굴 크기가 커져도 됩니다.

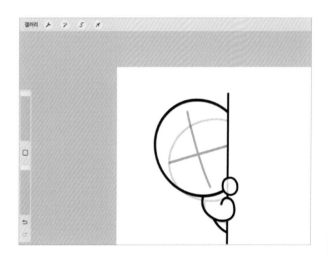

⑥ 5번 동작 그리기

5번 동작은 반동 표현을 위해 가로로 납작하게 그립니다. 얼굴이 옆으로 길게 늘어나게 그려주세요. 한 손은 동그라미로, 한 손은 3번 동작과 비슷하게 그립니다.

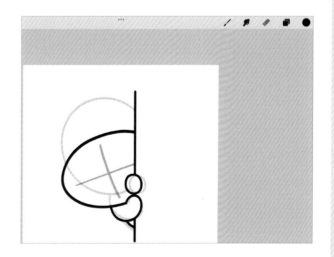

6번 동작 복제하기

앞 동작을 다 그렸다면 6번 동작을 두 개 복제하여 6번의 뒤로 보내줍니다. 초당 프레임은 9~12 사이로 취향에 맞게 설정하면 완성입니다. 재생해 보세요.

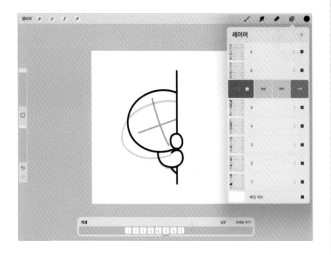

잘자~

이불에 누워 손을 흔드는 동작입니다. 캐릭터가 작으면 손을 흔드는 게 잘 안 보이기 때문에 상반신을 같이 움직여줍니다.

완성 이모티콘 미리보기

멈춤 이모티콘 : 86페이지

과정 한눈에 보기

1

2

3

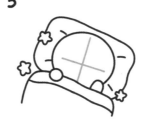

4

5 3번 복제

6 2번 복제

기본 세팅

캔버스 크기 : 1000 x 1000px
색상&해상도 : RGB, 300dpi
브러시 : 포르포르 기본(모노라인)
브러시 포인트 : 8pt 추천

① 1번 동작 그리기

1번 동작을 먼저 그립니다. 누워서 손
흔드는 모습을 그립니다.

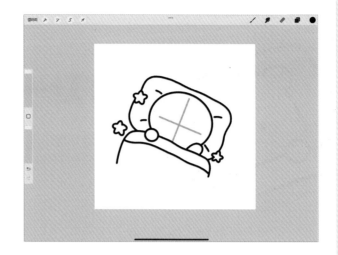

② 4번 동작 그리기

애니메이션 어시스트를 켜고 4번 동작
을 그립니다. 손을 쥐고 있는 쪽으로
고개를 숙이고 손을 흔듭니다.

> TIP. 별은 다시 따라 그려 반짝이는
> 느낌을 주거나 돌리는 효과를
> 주려면 살짝 돌아간 형태로 그려
> 주세요.

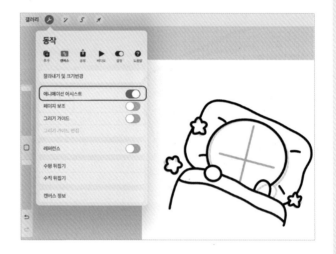

③ 2번 동작 그리기

1번과 4번 사이에 있는 2번 동작을 그
립니다. 손은 1번 손에서 올라온 형태
로 그립니다. 고개도 살짝 꺾어주세요.

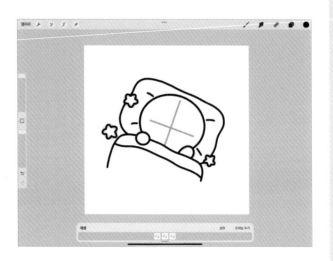

④ 3번 동작 그리기

3번 동작을 그립니다. 손은 4번 손보다는 덜 올라온 형태로 그립니다. 별은 다시 따라 그려서 반짝이는 느낌을 주거나, 돌리는 효과를 주려면 살짝 돌아간 형태로 그리면 됩니다.

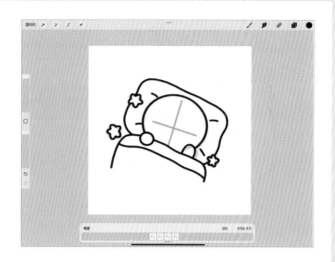

⑤ 2,3번 동작 복제하기

되돌아가는 동작을 위해 3번과 2번을 복제하여 4번 뒤로 보냅니다.

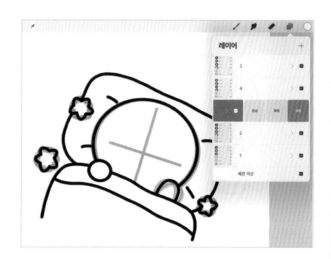

⑥ 복제한 레이어 편집하기

순서에 맞게 레이어를 배치하고 초당 프레임은 9~12 사이로 취향껏 설정하면 완성입니다. 이제 재생해 보세요.

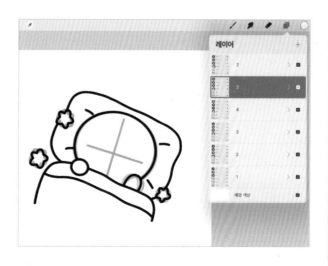

우와~!

눈이 작았다가 반짝이며 빛나는 동작입니다. 반짝이도 작았다가 커지게 그려주세요.

완성 이모티콘 미리보기

멈춤 이모티콘 : 90페이지

과정 한눈에 보기

1

2

3

4

5

6

7

기본 세팅

캔버스 크기 : 1000 x 1000px
색상&해상도 : RGB, 300dpi
브러시 : 포르포르 기본(모노라인)
브러시 포인트 : 8pt 추천

① 1번 동작 그리기

1번 동작을 먼저 그립니다. 두 다리를 벌리고 앉아 있고, 두 손은 공손하게 모아주세요. 표정은 평범한 기본 표정으로 그립니다. 허리를 숙이고 앉아있어서 머리가 아래로 내려온 편입니다.

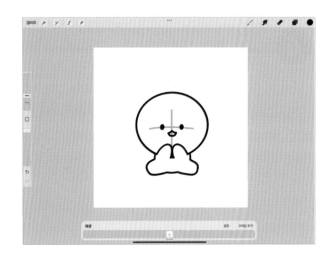

② 4번 동작 그리기

4번 동작을 그립니다. 허리를 쭉 펴고 앉아있는 동작으로 머리도 위로 올려 그려주세요. 허리를 쭉 펴면서 팔도 조금 길어집니다. 과하게 길어지지 않도록 주의해서 그려주세요. 초롱초롱한 표정도 그리고 캐릭터 옆에 반짝이도 그려주세요.

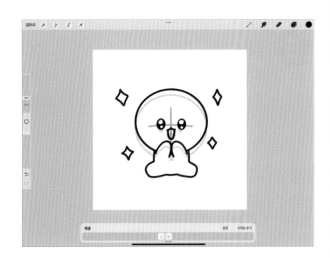

③ 2번 동작 그리기

1~4번 사이 동작 중 2번 동작부터 그립니다. 2번 동작은 살짝 허리를 펴면서 머리가 위로 올라가고 허리가 조금 길어집니다. 팔도 같이 위로 살짝 올려주세요. 2번 동작은 1번 동작에 가까운 동작입니다.

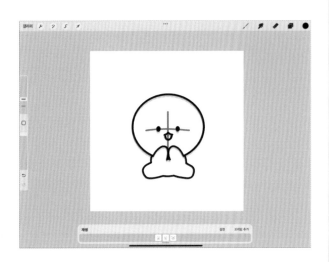

3번 동작 그리기

3번 동작을 그립니다. 3번 동작은 4번 동작에 가까운 동작입니다. 4번 동작보단 눈이 덜 커집니다. 허리를 세우기 때문에 머리도 위로 올라가고 팔도 위로 올려주세요. 반짝이도 4번 반짝이보다 작게 그려주세요.

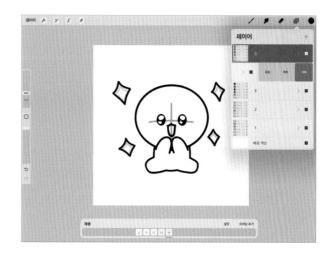

5 **5번 동작 그리기**

4번을 복제하여 5번 동작을 만듭니다. 4번 동작의 반짝이와 눈 초롱 표현을 지우고 새로 그려서 눈의 흰자가 움직이게 만들어 주세요.
눈뿐만 아니라 몸도 자연스럽게 움직이는 느낌을 만들고 싶다면 4번 프레임과 똑같이 전부 다시 그려주세요.

> TIP. 눈의 흰색 동그라미 부분이 무작위로 움직여야 초롱초롱한 느낌이 듭니다. 꼭 다시 그려주세요. 반짝이도 반짝임 효과를 위해 다시 그려주세요. 크기는 자유롭게 그립니다.

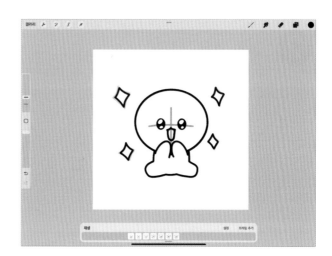

6번 동작 그리기

5번을 복제하여 6번 동작을 만듭니다.
5번 동작의 반짝이와 눈 초롱 표현을
지우고 새로 그립니다. 더 자연스럽게
4번 프레임과 똑같이 전부 다시 그립니
다. 순서에 맞게 레이어를 배치하고 초
당 프레임은 9~12 사이로 취향에 맞게
설정하면 완성입니다. 재생해 보세요.

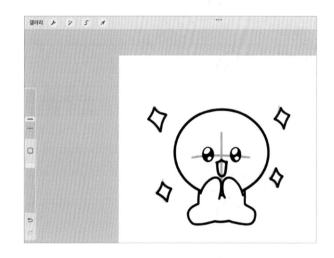

사랑해~!

입에서 키스를 날리는 동작입니다. 하트는 작았다가 커지면서 퐁! 하고 터지게 그립니다.

완성 이모티콘 미리보기

멈춤 이모티콘 : 94페이지

과정 한눈에 보기

1

2

3

4

5 6번 복제

6

7

8

기본 세팅

캔버스 크기 : 1000 x 1000px
색상&해상도 : RGB, 300dpi
브러시 : 포르포르 기본(모노라인)
브러시 포인트 : 8pt 추천

① 1번 동작 그리기

1번 동작을 그립니다. 뽀뽀를 날리기 위해 손을 입에 모으고 있습니다. 효과적인 표현을 위해 다리도 위로 올리고 고개도 숙이도록 그려주세요. 엉덩이는 계속 그 자리에 앉아있기 때문에 위치가 바뀌지 않습니다.

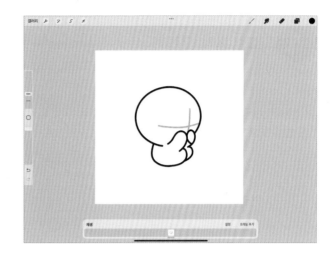

② 6번 동작 그리기

6번 동작을 그립니다. 다리랑 팔을 쭉 뻗은 상태로 그려주세요. 고개는 앞을 보고 얼굴 옆에 하트도 그립니다.

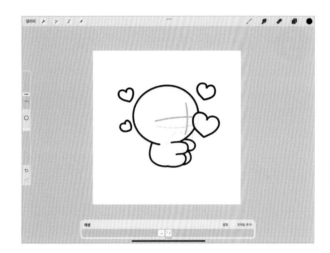

③ 2번 동작 그리기

1번과 6번 사이 동작 중 손과 다리를 내리는 2번 동작부터 그립니다. 1번보다 다리를 내리고 고개를 들어주세요. 다리는 엉덩이에 변화 없이 내려줍니다.

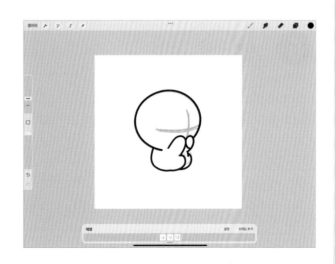

④ 3번 동작 그리기

3번 동작을 그립니다. 2번 동작보다 손과 다리를 내리고 고개는 들어주세요. 6번보다 작은 하트를 그립니다.

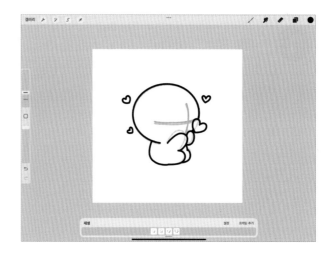

⑤ 4번 동작 그리기

4번 동작을 그립니다. 손은 3번 동작보다 내려 그려주세요. 다리는 3번 동작에서 이미 바닥으로 내려왔기 때문에 일자로 그려주세요. 하트는 3번보다 크게 그립니다.

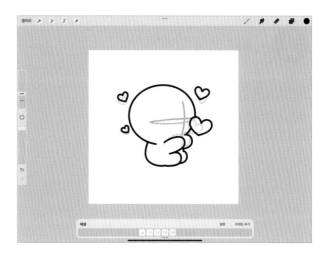

⑥ 5번 동작 그리기

5번 동작은 6번 동작을 복제하여 자유변형으로 납작하게 눌러주세요.

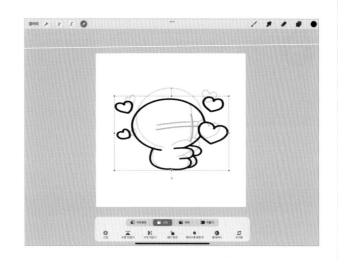

❼ 7번 동작 그리기

7번 동작을 그립니다. 7번 동작은 6번 보다 팔을 살짝 올려 그려주세요. 하트 는 팡! 하고 터지는 형태로 그립니다.

> TIP. 하트는 작았다가 커지는 형태로 그리거나, 마지막에 펑! 하고 터 진 효과를 더해주면 좋습니다.

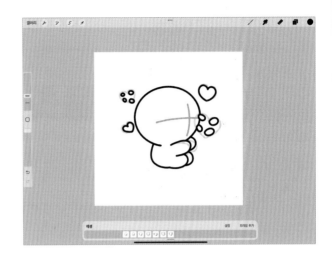

❽ 8번 동작 그리기

8번 동작을 그립니다. 8번 동작은 7번 보다 팔을 살짝 올려 그려주세요. 하트 는 더 커지고, 터진 하트는 작은 점처 럼 변합니다. 순서에 맞게 레이어를 배 치하고 초당 프레임은 9~12 사이로 취 향에 맞게 설정하면 완성입니다. 이제 재생해 보세요.

둠칫둠칫

앉았다 일어나며 춤추는 동작입니다. 숙일 때는 확 숙이고,
설 때는 확 서야 신나게 움직이는 느낌이 납니다.

완성 이모티콘 미리보기

멈춤 이모티콘 : 98페이지

과정 한눈에 보기

1

2

3

4

5 2번 복제

기본 세팅

캔버스 크기 : 1000 x 1000px
색상&해상도 : RGB, 300dpi
브러시 : 포르포르 기본(모노라인)
브러시 포인트 : 8pt 추천

① 1번 동작 그리기

1번 동작을 그립니다. 몸은 쭈그려 앉아있는 형태랑 비슷합니다. 캐릭터의 왼팔은 올리고 오른팔은 내려주세요. 캐릭터 옆에 음표도 그려주세요.

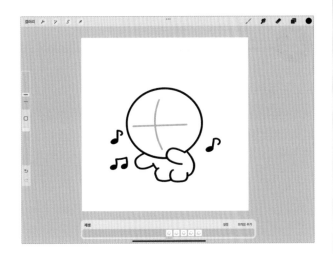

② 4번 동작 그리기

4번 동작을 서있는 형태로 그립니다. 캐릭터의 왼팔은 내려 그리고 오른팔은 올려 그려주세요. 캐릭터 옆에 음표를 그립니다.

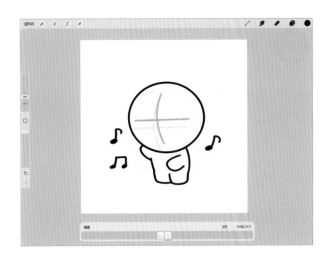

③ 2번 동작 그리기

1~4번 사이의 동작 중 2번 동작을 그립니다. 2번 동작은 1번보다 일어난 형태입니다. 팔은 둘 다 앞으로 들고 있게 그려주세요. 구부린 다리는 조금 펴주고 음표도 그려주세요.

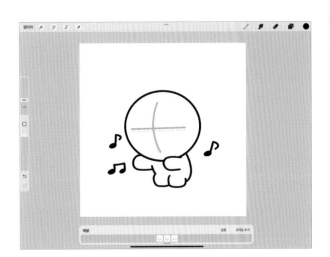

④ 3번 동작 그리기

3번 동작을 그립니다. 3번 동작은 2번
보다 일어난 형태입니다. 오른팔은 올
리고 왼팔은 내려 그립니다. 음표도 그
려주세요.

⑤ 5번 동작 그리기

5번 동작을 만듭니다. 2번을 복제해서
4번 다음으로 변경해 주세요. 2번만 복
제한 이유는 빠른 속도감을 위해 컷을
생략한 것입니다. 컷이 많아질수록 움
직이는 속도는 느려집니다. 초당 프레
임은 9~12 사이로 취향에 맞게 설정하
면 완성입니다. 재생해 보세요.

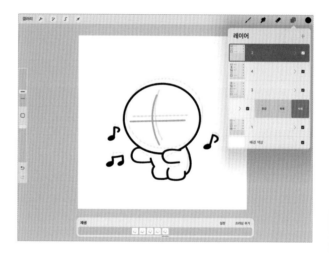

엄지척!

엄지를 앞으로 내미는 동작입니다. 끝까지 내민 엄지를 생각보다 크게 그려야 엄지척이 강조됩니다.

완성 이모티콘 미리보기

멈춤 이모티콘 : 102페이지

과정 한눈에 보기

1

2

3

4

5

6

7 6번 복제

8 6번 복제

기본 세팅

캔버스 크기 : 1000 x 1000px
색상&해상도 : RGB, 300dpi
브러시 : 포르포르 기본(모노라인)
브러시 포인트 : 8pt 추천

1번 동작 그리기

1번 동작을 그립니다. 살짝 고개를 숙이고 몸 가까이 손을 붙이고 있습니다.

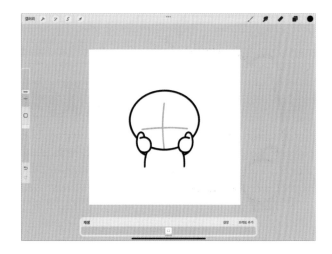

6번 동작 그리기

6번 동작을 그립니다. 큰 엄지와 효과선을 그려주세요. 얼굴은 정면을 봅니다.

> TIP. 손은 내 생각보다 크게 그려주세요. 캔버스 크기를 줄여서 보거나 멀리서 보면 손이 커야 동작이 잘 보인다는 걸 알 수 있어요.

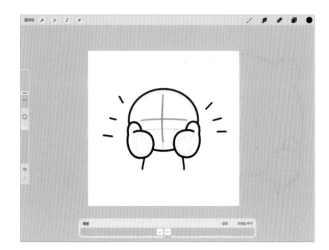

2번 동작 그리기

1번과 6번 사이의 동작 중 2번 동작을 먼저 그립니다. 고개를 살짝 들고 손을 조금만 키워서 그려주세요.

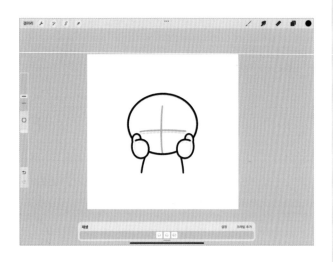

④ 3번 동작 그리기

3번 동작을 그립니다. 손을 2번보다 크게 그리고 강조하는 효과 선을 머리 옆에 그려주세요.

> TIP. 효과 선은 머리 옆에서 뻗어나가는 형태로 그려주세요.

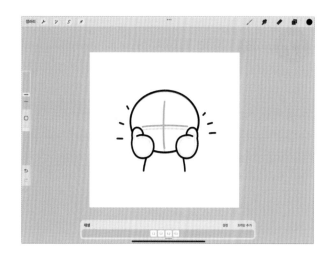

⑤ 4번 동작 그리기

4번 동작을 그립니다. 엄지를 더 크게 그리고 고개를 들어서 그려주세요. 효과 선도 옆에 그립니다.

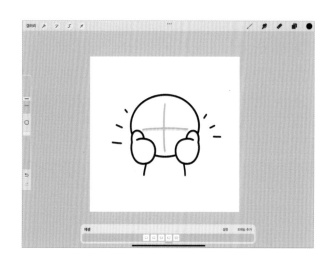

⑥ 5번 동작 그리기

5번 동작을 그립니다. 엄지를 더 크게 그리고 고개는 거의 정면을 바라보게 그려주세요. 효과 선도 옆에 그려주세요.

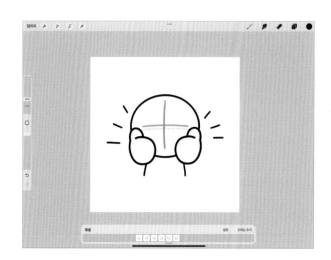

6번 동작 복제하기

6번 동작을 두 번 복제해 주세요. 마지막 동작을 여러 프레임 유지하면 안정감 있는 모션 표현이 됩니다. 초당 프레임은 9~12 사이로 취향에 맞게 설정하면 완성입니다. 이제 재생해 보세요.

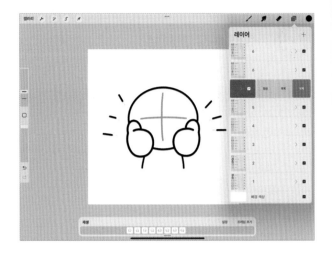

ㅋㅋㅋ

발을 동동 구르며 뒤로 젖혔다가 앞으로 오며 웃는 동작입니다. 세 컷만 그리면 됩니다.

완성 이모티콘 미리보기

멈춤 이모티콘 : 106페이지

과정 한눈에 보기

1

2

3

4 2번 복제

5 1번 복제

기본 세팅

캔버스 크기 : 1000 x 1000px
색상&해상도 : RGB, 300dpi
브러시 : 포르포르 기본(모노라인)
브러시 포인트 : 8pt 추천

1번 동작 그리기

1번 동작을 그립니다. 그리는 방법은 멈춰있는 이모티콘 그리기의 'ㅋㅋㅋ'를 참고해 주세요. (p.106) 다리는 일자로 그리고 엉덩이는 앉아있기 때문에 항상 고정되어 있습니다. 등이 아닌 엉덩이는 형태가 크게 변하지 않도록 주의해 주세요.

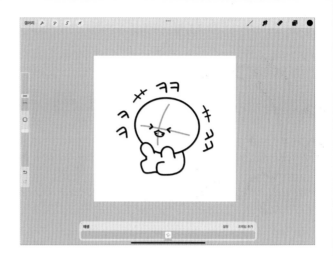

2 3번 동작 그리기

3번 동작을 그립니다. 뒤로 넘어갈 듯이 웃는 동작입니다. 허리를 기점으로 전체 형태가 옆으로 기울어진다고 생각하면 쉽습니다. 앞에 있는 다리는 아래로 내리고 뒤에 있는 다리는 앞으로 올려서 그려주세요. 옆에 웃는 효과는 새로 그려줍니다.

3 2번 동작 그리기

1번과 3번의 사이 동작인 2번 동작은 몸 형태가 3번보다 덜 기울어지는 동작입니다. 앞에 있는 다리는 내려 그리고 뒤에 다리는 살짝 올려 그려주세요. 옆에 효과는 새로 그려주세요. 3번 다리보다는 덜 움직인 형태여야 합니다.

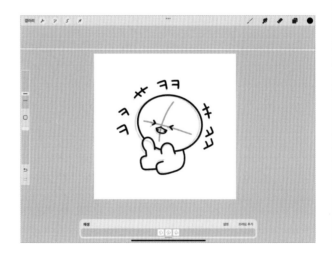

④ 4번 동작 그리기

2번 동작을 복제하여 4번 동작을 만듭니다.

⑤ 5번 동작 그리기

1번 동작을 복제한 후 자유 변형으로 납작하게 눌러 변형해 주세요. 레이어 순서에 맞게 위치를 바꾸고 초당 프레임은 9~12 사이로 취향에 맞게 설정하면 완성입니다. 이제 재생해 보세요.

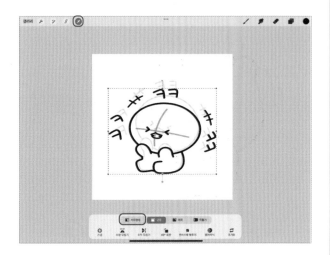

응!

고개를 끄덕이는 동작입니다. 1번의 고개를 더 위로 올리면 격한 끄덕임을 만들 수 있습니다.

완성 이모티콘 미리보기

멈춤 이모티콘 : 110페이지

과정 한눈에 보기

1

2

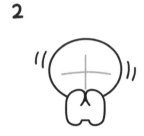

3

4 5번 복제

5

기본 세팅

캔버스 크기 : 1000 x 1000px
색상&해상도 : RGB, 300dpi
브러시 : 포르포르 기본(모노라인)
브러시 포인트 : 8pt 추천

① 1번 동작 그리기

1번 동작을 그립니다. 두 손을 모으고 서서 고개를 위로 들고 있는 형태로 그립니다. 두 다리는 바닥에 서있기 때문에 위치가 변하지 않습니다.

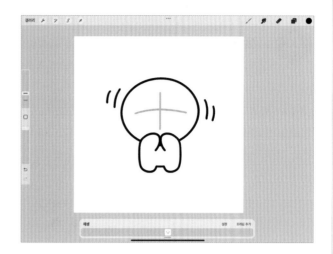

② 5번 동작 그리기

5번 동작을 그립니다. 5번 동작은 고개를 푹 숙이고 있는 동작입니다. 머리 위치도 살짝 내리고 팔은 더 안쪽으로 모아 그려주세요. 효과 선도 그려줍니다.

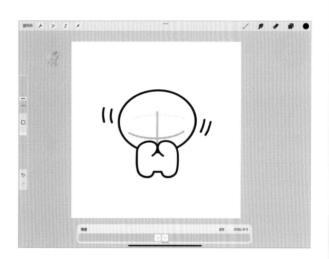

③ 2번 동작 그리기

1번과 5번 사이 2번 동작부터 그려주세요. 1번보다는 고개를 든 모습입니다. 옆에 효과 선도 그립니다.

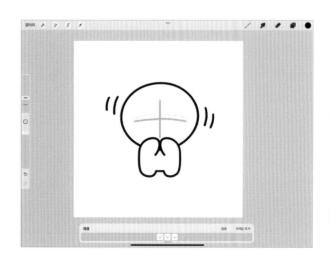

④ **3번 동작 그리기**

5번의 바로 앞 동작인 3번 동작을 그립
니다. 고개를 푹 숙인 5번 동작보다는
고개를 들어서 그려주세요. 옆에 효과
선도 그려주세요.

⑤ **4번 동작 그리기**

5번 동작을 복제하여 4번 동작을 만듭
니다. 복제한 동작을 선택 후, 자유 변
형으로 가로로 늘려주세요. 레이어를
순서대로 배치하고 9~10 정도의 프레
임 속도로 취향에 맞게 맞춰주세요.

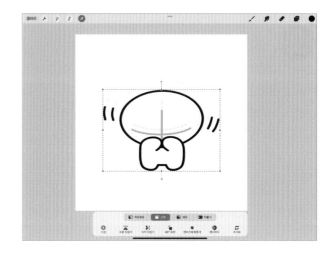

움직이는 이모티콘 13

ㅠㅠ

서럽게 훌쩍이며 우는 동작입니다. 눈물이 아래로 떨어지며 두 개에서 한 개로 변하는 과정을 그립니다.

완성 이모티콘 미리보기

멈춤 이모티콘 : 114페이지

과정 한눈에 보기

1

2

3

4 5번 복제

5

기본 세팅

캔버스 크기 : 1000 x 1000px
색상&해상도 : RGB, 300dpi
브러시 : 포르포르 기본(모노라인)
브러시 포인트 : 8pt 추천

① 1번 동작 그리기

쭈그려 앉아 울고 있는 1번 동작을 그립니다. 뒤로 갈수록 몸을 더 숙이고 우는 동작이 됩니다. 두 다리와 엉덩이는 바닥에 앉아있기 때문에 위치가 변하지 않습니다.

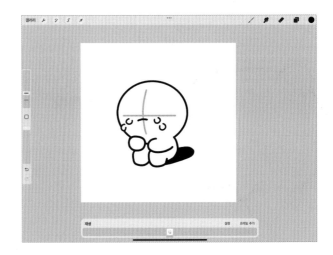

② 2번 동작 그리기

2번 동작을 그립니다. 머리 위치를 아래로 이동하고 팔도 살짝 아래로 내려주세요. 허리를 숙여서 머리가 아래로 내려간다고 생각하면 됩니다. 눈물도 더 아래로 그려주세요.

③ 3번 동작 그리기

3번 동작을 그립니다. 머리를 아래로 내리고 울고 있습니다. 눈물은 아래로 떨어지게 그려주세요. 한 방울만 그려도 좋습니다.

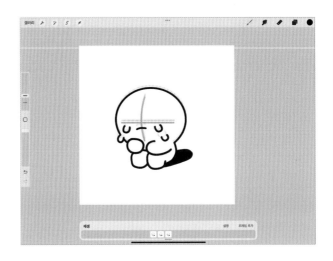

④ 5번 동작 그리기

5번 동작을 그립니다. 5번 동작의 머리
는 3번보다는 높은 위치에 그리고 고
개는 내리면 됩니다. 눈물은 한 방울만
볼 아래쪽에 그려주세요.

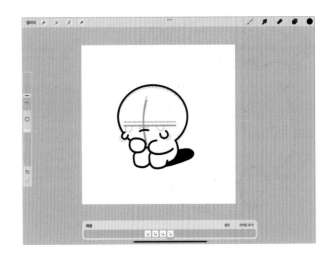

⑤ 4번 동작 그리기

5번 동작을 복제해서 4번 동작을 그립
니다. 전체 선택 후 자유 변형으로 가
로로 길게 눌러주세요. 눈물은 지우고
3번 동작의 두 눈물 사이에 들어갈 눈
물을 한 방울 그립니다. 레이어를 순서
대로 배치하고 프레임 속도를 9~12 사
이로 취향에 맞게 맞춰주세요.

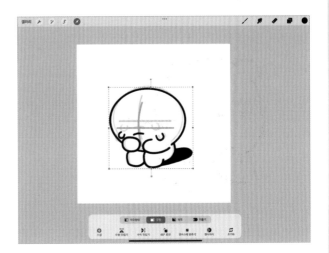

아니~!

밀어내며 고개를 돌리는 동작입니다. 효과 선을 그려 고개 돌리는 과정을 강조해 주세요.

완성 이모티콘 미리보기

멈춤 이모티콘 : 118페이지

과정 한눈에 보기

1

2

3

4 5번 복제

5

6

7 6번 복제

8 6번 복제

기본 세팅

캔버스 크기 : 1000 x 1000px
색상&해상도 : RGB, 300dpi
브러시 : 포르포르 기본(모노라인)
브러시 포인트 : 8pt 추천

① 1번 동작 그리기

1번 동작을 그립니다. 캐릭터 기준으로 왼쪽을 바라봅니다. 팔은 몸에 가깝게 구부립니다.

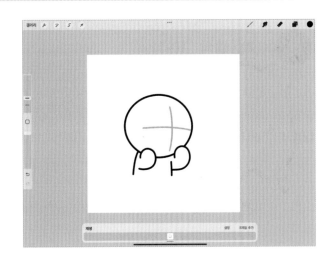

② 6번 동작 그리기

손을 쭉 뻗는 6번 동작을 그립니다. 고개는 캐릭터 기준으로 오른쪽을 바라봅니다. 고개는 최대한 1번 동작의 반대쪽으로 돌려 주세요. 고개를 돌릴 때는 이 이상으로 돌아가지 않게 그려주세요.

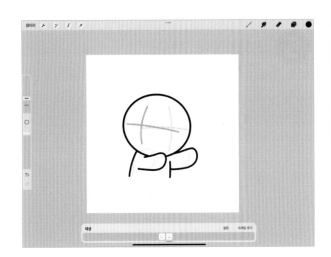

③ 5번 동작 그리기

5번 동작은 6번 동작을 복제해서 만듭니다. 선택 창에서 자유 변형으로 가로로 납작하게 눌러주세요.

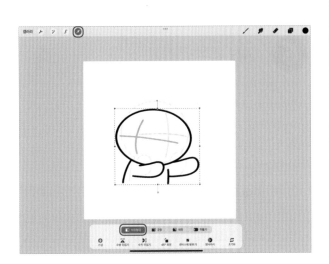

④ 2번 동작 그리기

2번 동작은 1번 동작에서 고개를 살짝만 왼쪽으로 돌려주세요. 구부린 팔은 살짝만 펴줍니다.

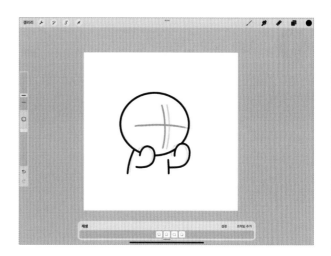

⑤ 3번 동작 그리기

3번 동작은 고개를 오른쪽으로 돌려서 그립니다. 6번 동작으로 가는 과정이기 때문에 6번의 고개보다는 덜 돌려주세요. 획 도는 표현을 위해 효과 선은 두 개를 그립니다. 팔은 약간만 구부려주세요.

TIP. 효과 선은 자유롭게 그려주세요.

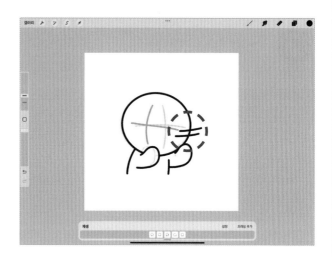

⑥ 4번 동작 그리기

4번 동작은 3번보다 더 고개를 오른쪽을 바라보게 그립니다. 획 도는 표현을 위해 여기도 효과 선을 그립니다. 팔을 조금 더 펴고 길게 그려주세요.

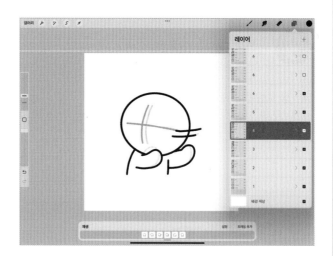

⑦ 6번 동작 복제하기

제일 마지막 동작 6번을 여러 개(2~3개) 복제해 마지막 동작을 유지해 주세요. 마지막 동작이 몇 프레임 정도 유지되어야 안정감 있는 모션 표현이 됩니다. 프레임 속도는 9~12 사이로 취향에 맞게 유지해 주세요.

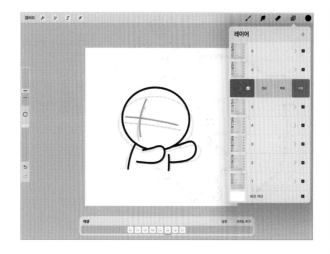

질색

입꼬리를 내리며 고개를 뒤로 젖히는 동작입니다. 싫어하는 게 보이도록 입꼬리를 한껏 내려 그립니다.

완성 이모티콘 미리보기

멈춤 이모티콘 : 122페이지

과정 한눈에 보기

1

2

3

4

5

6

7 6번 복제

기본 세팅

캔버스 크기 : 1000 x 1000px
색상&해상도 : RGB, 300dpi
브러시 : 포르포르 기본(모노라인)
브러시 포인트 : 8pt 추천

① 1번 동작 그리기

1번 동작을 그립니다. 한쪽 손을 얼굴에 가져다 대고 다른 팔은 아래로 내립니다. 의심하는 표정도 그려줍니다. 팔을 든 쪽의 허리 부분은 고정축으로 둔다는 생각으로 크게 움직임을 주지 않습니다.

② 5번 동작 그리기

5번 동작을 그립니다. 1번 동작보다는 뒤로 누운 형태로 그립니다. 얼굴은 입을 벌리고 있기 때문에 1번보다 세로로 길게 그려주세요.

③ 2번 동작 그리기

1번과 5번 사이의 동작 중 2번 동작부터 그려주세요. 몸 전체를 왼쪽으로 치우치게 그립니다. 눈이랑 눈썹 표정은 유지한 채로 입만 점점 벌어지게 표현합니다. 입이 벌어지는 만큼 머리의 세로 길이도 길어집니다.

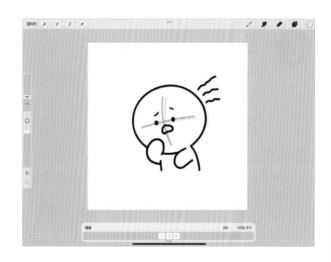

④ 3번 동작 그리기

3번 동작을 그립니다. 왼쪽으로 더 치우치고, 입꼬리를 아래로 내려 그립니다. 입가 주름도 표현해 주세요. 효과선은 지글지글하게 계속 따라 그립니다. 입 모양은 비아냥거리는 모습을 표현해 주세요. 표정이 어렵다면 징그러운 걸 봤을 때처럼 '으엑!'하고 입 모양을 따라 하면서 그대로 그려주세요.

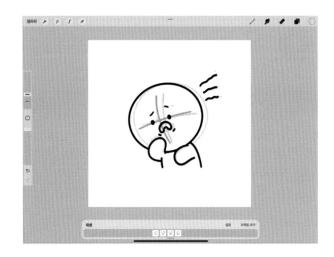

⑤ 4번 동작 그리기

4번 동작을 그립니다. 왼쪽으로 더 누운 형태로 그리고, 입꼬리는 아래로 더 내려서 그려주세요.

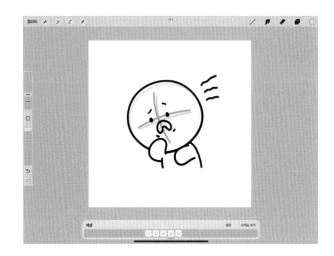

⑥ 5번 동작 그리기

5번 동작을 2~3개 복제해서 마지막 동작을 유지해 줍니다. 프레임 속도는 9~12 사이로 취향에 맞게 설정해 주세요.

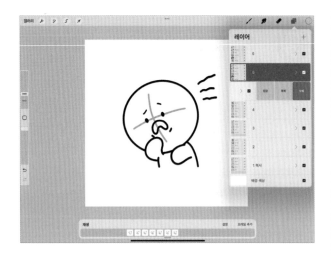

움직이는 이모티콘 16

힘들어

눈물을 흘리면서 캐릭터가 쪼그라드는 동작입니다. 눈물은 바닥에 웅덩이를 만들어줍니다.

완성 이모티콘 미리보기

멈춤 이모티콘 : 126페이지

기본 세팅

캔버스 크기 : 1000 x 1000px
색상&해상도 : RGB, 300dpi
브러시 : 포르포르 기본(모노라인)
브러시 포인트 : 8pt 추천

과정 한눈에 보기

1

2

3

4

5

6

7

8

① 1번 동작 그리기

1번 동작을 그립니다. 옆으로 쓰러져 누워있는 모습을 그려주세요.

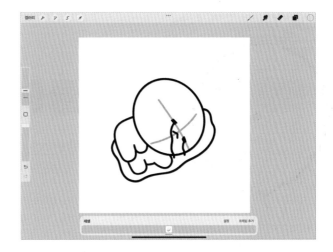

② 2번 동작 그리기

2번 동작을 그립니다. 1번을 복제해서 그리되, 눈물과 눈물 웅덩이만 새로 그려주세요. 똑같이 따라 그리지 않아도 되니 편하게 그려주세요.

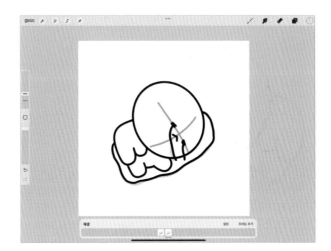

③ 3번 동작 그리기

3번 동작을 그립니다. 2번과 비슷한 동작입니다. 단지 라인만 지글지글하게 다시 그리면 됩니다.

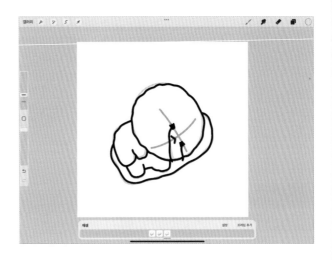

④ 4번 동작 그리기

4번 동작을 그립니다. 3번 동작처럼 지글지글하게 그리되, 몸 형태를 쪼그라든 형태로 그려주세요. 3번 동작에서 조금만 작아지면 됩니다.

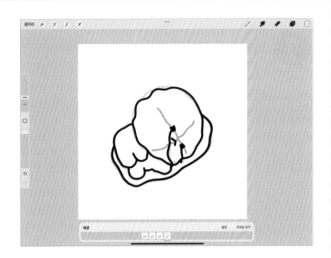

⑤ 5번 동작 그리기

5번 동작을 그립니다. 몸을 더 작게 그려주세요. 여전히 라인은 지글지글 대충 그리면 됩니다.

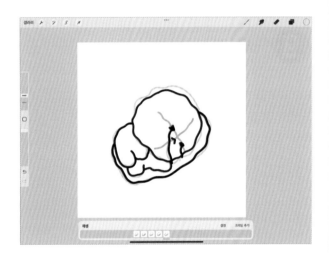

⑥ 6번 동작 그리기

6번 동작을 그립니다. 몸을 더 작게 그려주세요.

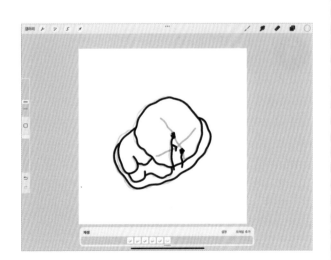

⑦ 7번 동작 그리기

7번 동작을 그립니다. 몸 크기는 6번과 비슷하게 그리되, 라인을 지글지글하게 그려주세요.

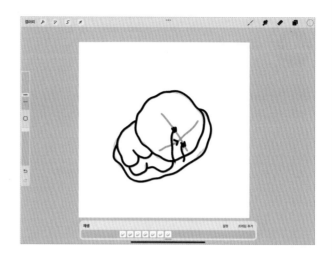

⑧ 8번 동작 그리기

8번 동작을 그립니다. 몸 크기는 6번과 비슷하게 지글지글한 라인으로 그려주세요.

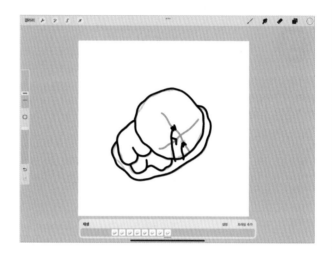

⑨ 6~8번 동작 복제하기

6, 7, 8번 동작을 복제하여 8번 프레임 뒤에 추가합니다. 이 과정은 생략해도 되지만, 추가하면 쭈굴해진 캐릭터의 모습이 강조되는 장점이 있습니다. 더 강조하고 싶다면 6, 7, 8번을 한 번 더 복제해서 뒤에 추가해도 좋습니다. 프레임 속도는 8~10 사이로 취향에 맞게 유지하고 재생해 봅니다.

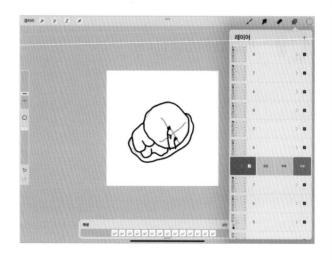

화남

불은 계속 새로운 모양으로 그려서 불길이 흔들리는 걸 표현해 줍니다.

완성 이모티콘 미리보기

멈춤 이모티콘 : 130페이지

과정 한눈에 보기

1

2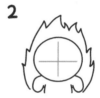

3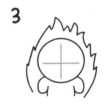

4

5

6

7 4번 복제

8 5번 복제

9 6번 복제

기본 세팅

캔버스 크기 : 1000 x 1000px
색상&해상도 : RGB, 300dpi
브러시 : 포르포르 기본(모노라인)
브러시 포인트 : 8pt 추천

① 1번 동작 그리기

1번 동작을 그립니다. 머리는 아래로 내리고 어깨는 머리에 붙여서 그려주세요. 팔은 꺾어 그립니다. 불은 자유롭게 그려주세요. 프레임마다 새롭게 그려야 합니다.

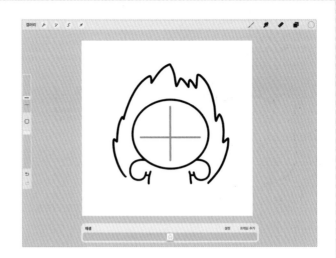

② 2번 동작 그리기

2번 동작을 그립니다. 머리를 살짝 들고 머리에 댔던 어깨는 살짝 내려 그립니다. 팔은 조금 펴서 그리고 불도 새로 그려주세요. 불은 동작마다 형태를 변형해서 자유롭게 그려주세요.

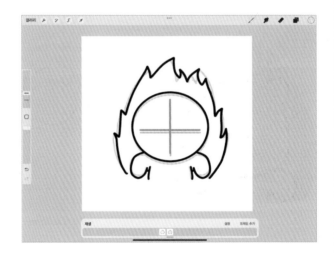

③ 3번 동작 그리기

3번 동작을 그립니다. 머리는 더 위로 들고 팔을 펴서 그립니다. 불도 계속 그려주세요.

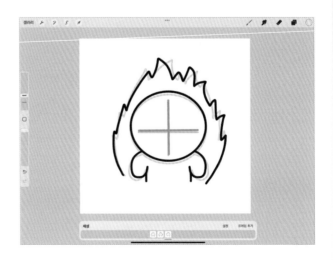

④ 4번 동작 그리기

4번 동작을 그립니다. 캐릭터가 꼿꼿하게 선 자세로 그려주세요.

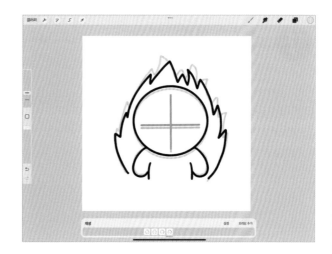

⑤ 5번 동작 그리기

5번 동작을 그립니다. 4번 동작을 복제후 캐릭터를 선택하고 [조정] 메뉴에서 [모션 흐림 효과]를 주세요. 흐림 효과를 많이 주면 더 격한 표현이 됩니다. 취향에 맞게 조절해 주세요. 캐릭터 위치는 옆으로 살짝 이동하고 불은 새로 그립니다.

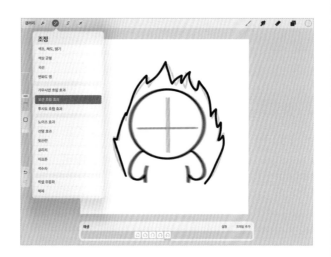

⑥ 6번 동작 그리기

6번 동작을 그립니다. 5번 동작을 복제후 캐릭터를 선택하여 캐릭터 위치를 반대편으로 이동해주세요. 불은 새로 그립니다.

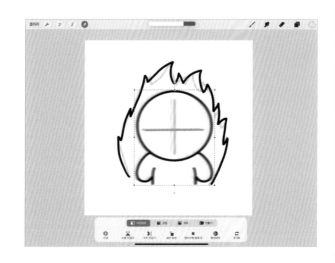

**4~6번 동작
복제하기**

4, 5, 6번을 복제해서 7, 8, 9프레임을
만들어줍니다. 순서대로 뒤에 배치하
면 됩니다. 프레임 속도는 9~12 사이
로 취향에 맞게 유지해 주세요.

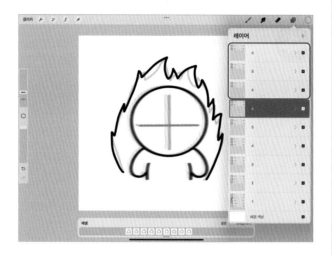

사고정지

캐릭터가 멈추면서 로딩 바만 움직이는 동작입니다. 로딩 바가 빙글빙글 돌도록 편집합니다.

완성 이모티콘 미리보기

멈춤 이모티콘 : 134페이지

과정 한눈에 보기

l 2번 복제 편집

2

3

4

5 6번 복제 편집

6

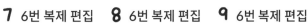

7 6번 복제 편집

8 6번 복제 편집

9 6번 복제 편집

기본 세팅

캔버스 크기 : 1000 x 1000px
색상&해상도 : RGB, 300dpi
브러시 : 포르포르 기본(모노라인)
브러시 포인트 : 8pt 추천

① 2번 동작 그리기

2번 동작을 그립니다. 한 팔은 입가에
대고 있고 반대편 팔은 배를 감싸고 있
습니다. 고개는 살짝 기울여 그립니다.

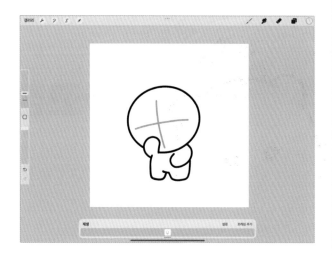

② 1번 동작 그리기

1번 동작을 만듭니다. 2번 동작을 전체
선택한 후 자유 변형으로 가로로 납작
하게 편집해 주세요.

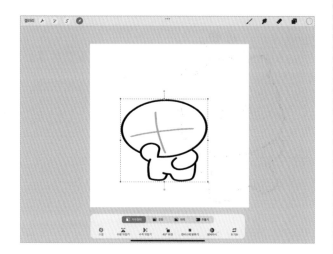

③ 6번 동작 그리기

6번 동작을 한쪽 다리를 든 형태로 그
립니다. 놀라서 두 팔을 들고 있는 모
습으로 그려주세요.
머리에는 로딩 중 표시를 그립니다. 바
닥에 붙어있는 다리는 회전축으로 생
각하고 최대한 고정되게 그려주세요.

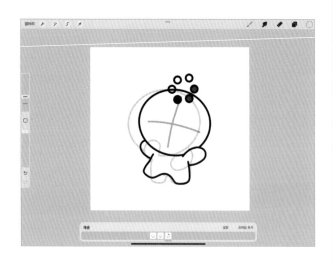

④ 3번 동작 그리기

2~6번 사이 동작 중 3번 동작을 그립니다. 두 발을 땅에 붙이고 서있는 형태로 그려주세요. 팔을 입가에서 떼고 옆으로 옮깁니다. 배를 감싸고 있던 턱쪽에 가까이 대주세요.

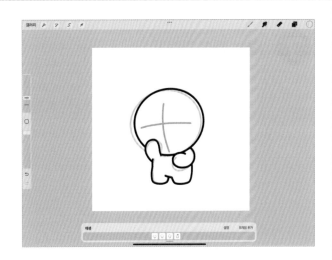

⑤ 4번 동작 그리기

4번 동작을 그립니다. 두 팔을 벌리고 두 다리도 벌려주세요. 놀라서 번쩍 뛰는 느낌으로 그립니다. 캐릭터 전체 위치를 위로 올려 그리면 더 생동감 있습니다.

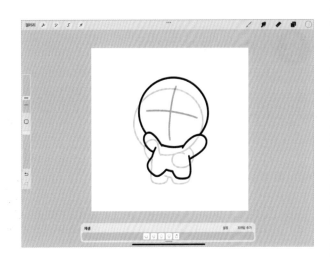

⑥ 5번 동작 그리기

6번 동작을 복제해서 5번 동작을 만듭니다. 위에 로딩 중 표시는 지우고 전체 선택 후, 자유 변형으로 가로로 납작하게 눌러주세요.

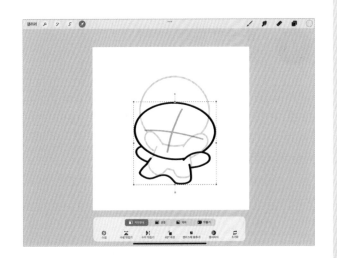

7 **7번 동작 그리기**

7번 동작을 만듭니다. 6번을 복제해서
로딩 중 표현만 바꿔줍니다. 동그라미
를 시계 방향으로 돌려 주세요.

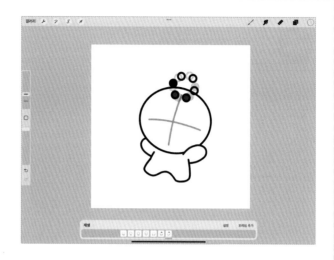

8 **8,9번 동작 그리기**

8번 동작은 6번을 복제해서 로딩 중 표
현만 바꿔줍니다. 시계 방향으로 돌도
록 동그라미를 돌려 그려주세요.
9번 동작도 6번을 복제해서 로딩 중 표
현만 바꿔줍니다. 시계 방향으로 돌도
록 동그라미를 돌려 그려주세요. 8번과
동일합니다.

9 **6~9번 동작
복제하기**

6~9번을 복제하여 9번 뒤로 보냅니다.
한 번 더 복제하여 6, 7, 8, 9 - 6, 7, 8,
9가 반복되게 해도 좋습니다. 사고 정
지라는 표현을 강조할 수 있어요. 프레
임 속도는 9~12 사이로 취향에 맞게
유지해 주세요.

봄

꽃 사이에서 튀어나오는 동작입니다. 그릴 것이 많아 보이지만 떨어지는 꽃만 새로 그리는 동작이 많습니다.

완성 이모티콘 미리보기

멈춤 이모티콘 : 138페이지

과정 한눈에 보기

1

2

3

4 7번 복제 편집

5 7번 복제 편집

6 7번 복제 편집

7

8 7번 복제 편집

9 7번 복제 편집

10 7번 복제 편집

기본 세팅

캔버스 크기 : 1000 x 1000px
색상&해상도 : RGB, 300dpi
브러시 : 포르포르 기본(모노라인)
브러시 포인트 : 8pt 추천

1번 동작 그리기

1번 동작을 그립니다. 꽃 사이에 파묻
혀 있는 느낌으로 그려주세요.

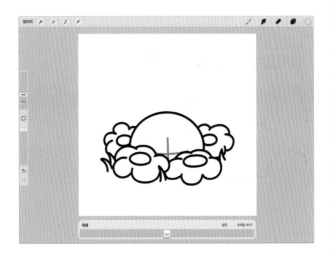

2 **7번 동작 그리기**

7번 동작을 그립니다. 꽃들 사이에서
꽃받침하고 있는 형태입니다. 정면을
바라보고 꽃이 머리 위에서 떨어져 내
려오는 모습을 그립니다. 나중에 이 동
작을 변형하기 때문에 꽃과 캐릭터 레
이어는 분리하는 것이 좋습니다.

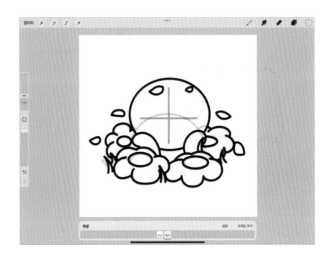

3 **2번 동작 그리기**

2번 동작을 그립니다. 1번보다는 머리
가 더 나와 있는 형태로 그립니다.

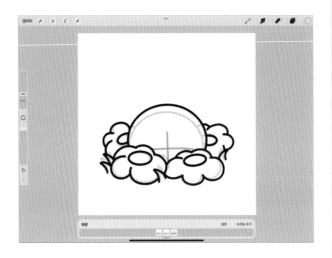

3번 동작 그리기

3번 동작을 그립니다. 머리가 다 나오고 팔이 조금 나와 있는 형태로 그립니다. 머리에 꽃잎을 잔뜩 붙여주세요.

> TIP. 꽃잎은 올라오는 사람을 따라 퐁! 하고 솟아올랐다가 아래로 천천히 떨어집니다. 자유롭게 그려주세요. 형태를 유지한 채 아래로만 내려가면 부자연스럽습니다.

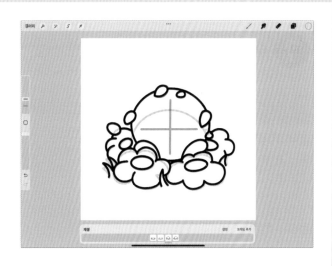

 4번 동작 그리기

4번 동작을 만듭니다. 7번을 복제하여 변형해 주세요. 자유 변형으로 캐릭터의 가로를 줄이고 세로로 길게 변형합니다. 꽃도 살짝 변형해 가로 길이를 줄여주세요. 꽃은 저 위로 올라갑니다.

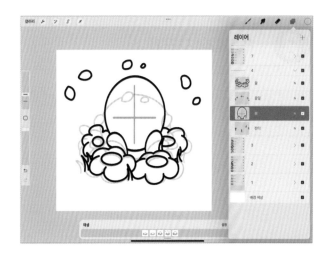

 5번 동작 그리기

5번 동작을 만듭니다. 7번을 복제해 변형합니다. 자유 변형으로 캐릭터의 가로를 늘리고 세로를 납작하게 눌러주세요. 꽃도 납작하게 누릅니다. 꽃은 위에서 더 떨어지는 형태로 그립니다.

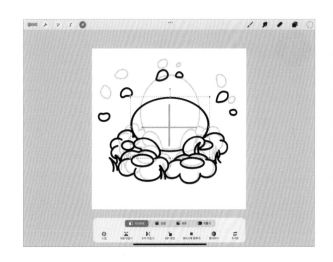

6번 동작 그리기

6번 동작을 만듭니다. 7번을 복제하여
살짝만 변형합니다. 캐릭터의 가로를
줄이고 세로를 살짝 늘려주세요. 꽃도
살짝 변형합니다. 꽃잎은 더 아래로 그
려주세요.

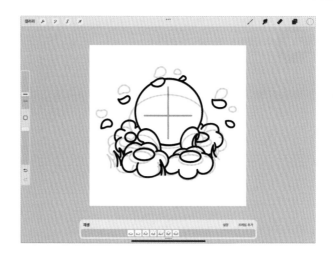

8번 동작 그리기

8번 동작을 만듭니다. 꽃잎을 7번보다
아래로 떨어지게 그려주세요. 꽃잎은
자연스럽게 그리는 것이 좋습니다.

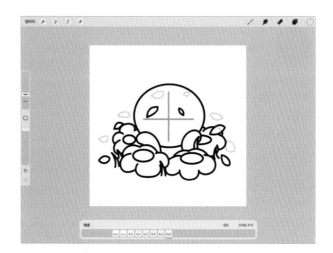

9번 동작 그리기

9번 동작을 만듭니다. 꽃잎이 바닥을 향해
떨어집니다.

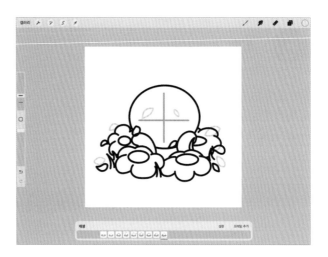

⑩ 10번 동작 그리기

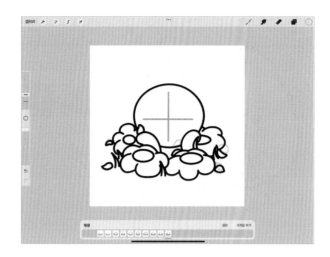

10번 동작을 만듭니다. 꽃잎이 다 떨어져 바닥에 있는 형태로 그립니다. 프레임 속도는 9~12 사이로 취향에 맞게 유지해 주세요.

움직이는 이모티콘 20

여름

여름에 선풍기를 틀고 수박을 먹는 장면입니다. 바람을 새로 그려 선풍기가 돌고 있는 것처럼 표현합니다.

완성 이모티콘 미리보기

멈춤 이모티콘 : 142페이지

과정 한눈에 보기

1

2
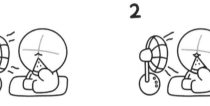

3

4

5 6번 복제

6

7

기본 세팅

캔버스 크기 : 1000 x 1000px
색상&해상도 : RGB, 300dpi
브러시 : 포르포르 기본(모노라인)
브러시 포인트 : 8pt 추천

① 1번 동작 그리기

1번 동작을 그립니다. 수박을 들고 선풍기 바람을 쐬고 있는 캐릭터를 그립니다. 그리는 방법은 멈춰있는 이모티콘 그리기의 '여름'을 참고해 주세요. (p.142)

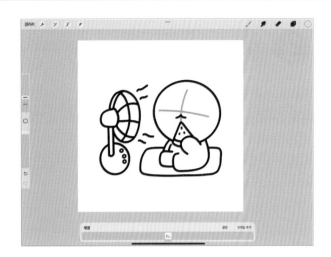

② 2번 동작 그리기

2번 동작을 그립니다. 선풍기는 똑같은 형태를 유지하고 바람만 새로 그려주세요. 캐릭터는 입을 살짝 벌리고 수박을 먹기 위해 팔을 드는 모습을 그립니다.

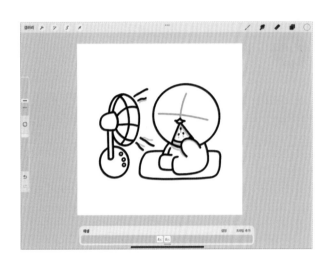

> TIP. 겨드랑이 위치를 고정한 채로 팔을 길게 늘여도 되지만, 짧고 뚱뚱한 형태의 팔을 유지하고 싶다면 팔 전체를 살짝 올려서 그리는 것도 방법입니다.

③ 3번 동작 그리기

3번 동작을 그립니다. 선풍기는 바람만 새로 그리고 캐릭터는 입을 더 크게 벌리고 수박을 먹는 모습입니다. 수박을 든 팔도 올려서 그려주세요.

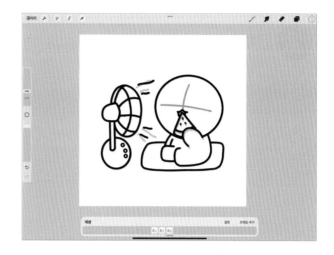

④ 4번 동작 그리기

4번 동작을 그립니다. 수박을 무는 동작입니다. 수박을 든 손은 더 올려 그리고, 입은 앙다문 상태로 그려주세요. 선풍기는 바람만 새로 그립니다.

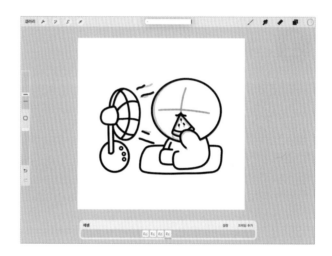

⑤ 6번 동작 그리기

6번 동작을 그립니다. 수박을 먹고 손을 내리는 동작입니다. 입은 다물고 있고 수박을 든 팔은 조금 내려 그립니다.

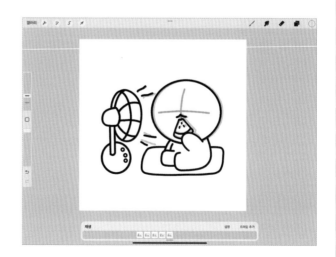

6 5번 동작 그리기

5번 동작을 만듭니다. 6번 동작을 복제하여 복제한 그룹을 선택한 후 자유 변형으로 납작하게 만들어주세요. 납작하게 만든 한 프레임이 있는 것만으로도 생동감이 살아납니다.

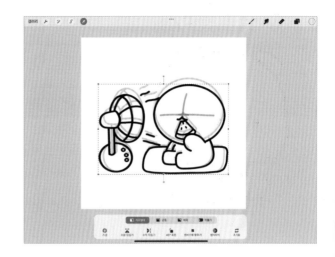

7 7번 동작 그리기

7번 동작을 그립니다. 수박을 먹고 손을 더 내려주세요. 6번 동작보다는 조금 더 아래로 내려온다고 생각하면 좋습니다. 프레임 속도는 9~12 사이로 취향에 맞게 유지하고 재생해 보세요. 어색한 부분은 재생하고 멈추면서 계속 수정하면 좋습니다.

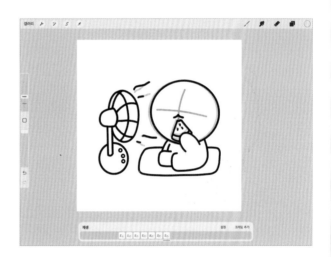

움직이는 이모티콘 21

가을

쓸쓸한 가을에 바람이 불어와 낙엽이 얼굴에 붙는 동작입니다. 옷을 여미는 장면과 낙엽의 흩날림을 표현합니다.

완성 이모티콘 미리보기

멈춤 이모티콘 : 146페이지

과정 한눈에 보기

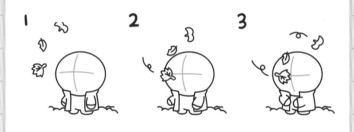

기본 세팅

캔버스 크기 : 1000 x 1000px
색상&해상도 : RGB, 300dpi
브러시 : 포르포르 기본(모노라인)
브러시 포인트 : 8pt 추천

① 1번 동작 그리기

1번 동작을 그립니다. 두 팔을 내리고 서서 낙엽이 날아오는 걸 보고 있도록 그립니다. 낙엽은 머리 앞쪽에서 세 개가 날아옵니다.

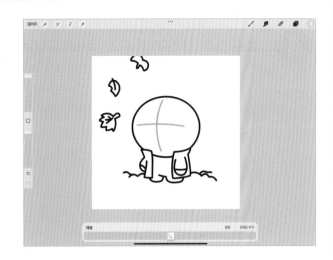

② 6번 동작 그리기

6번 동작을 그립니다. 두 손을 감싸고 옷을 여미고 있는 형태로 그려줍니다. 낙엽은 머리에 두 개가 붙어 있습니다.

③ 2번 동작 그리기

1~6번 사이의 과정 중 먼저 2번 동작을 그립니다. 팔을 살짝 올려 그리고, 올려다본 고개는 살짝 내려줍니다. 낙엽을 얼굴 근처에 그려주세요.

TIP. 날리는 낙엽의 진행 방향에 맞게 꼬부랑 선을 그리면 날아가는 낙엽을 강조할 수 있어요. 모든 프레임의 같은 위치에 그리면 부자연스러우니 조심해주세요.

④ **3번 동작 그리기**

3번 동작을 그립니다. 두 손을 배 쪽으로 모으고 옷 앞부분을 가운데로 모아 그립니다. 낙엽 두 개가 얼굴에 붙어있고 다른 낙엽은 바람을 따라 머리 위로 넘어가게 그립니다.

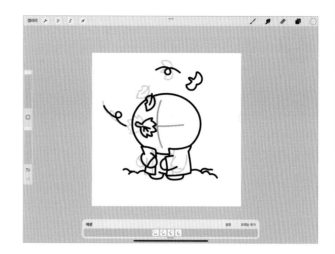

⑤ **4번 동작 그리기**

4번 동작을 그립니다. 머리 뒤쪽으로 낙엽 하나가 날아가고, 낙엽 두 개는 머리에 붙어서 팔랑이게끔 위치를 회전해 그립니다. 살짝만 회전해서 그려주세요. 고개는 내리고 두 손은 맞대고 있는 형태로 그립니다. 옷 앞부분은 서로 만나도록 그립니다.

⑥ **5번 동작 그리기**

5번 동작을 만듭니다. 6번 동작을 복제해 주세요. 복제한 동작은 헷갈리지 않게 이름을 바꾸고 그룹 선택 후 전체 변형을 통해 납작하게 수정해 주세요.

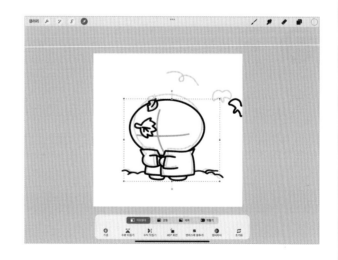

7 7번 동작 그리기

7번 동작을 만듭니다. 6번 동작을 복제
해서 낙엽만 바꿔 그립니다. 낙엽이 바
람에 팔랑이는 것처럼 보이도록 낙엽
을 약간 회전해 그립니다.

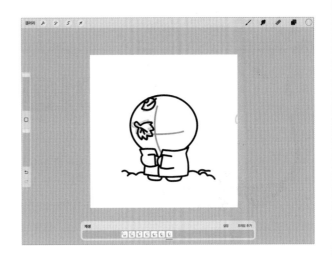

8 8번 동작 그리기

8번 동작을 만듭니다. 7번 동작을 복제
해 낙엽만 바꿔서 그립니다. 살짝 회전
해서 그리면 됩니다.

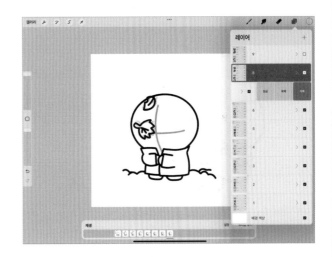

9 9번 동작 그리기

마지막 9번 동작도 동일하게 8번 동작
을 복제해 낙엽만 바꿔 그리면 완성입
니다. 프레임 속도는 9~12 사이로 유
지하고 재생해 보세요.

겨울

붕어빵을 들고 콧물을 빨아들이는 장면을 표현합니다. 콧물만 줄어드는 게 아닌 고개를 위로 올리는 느낌으로 그립니다.

완성 이모티콘 미리보기

멈춤 이모티콘 : 150페이지

과정 한눈에 보기

1

2

3

4

5

6 8번 복제 편집

7 8번 복제 편집

8

9

10 7번 복제 편집

기본 세팅

캔버스 크기 : 1000 x 1000px
색상&해상도 : RGB, 300dpi
브러시 : 포르포르 기본(모노라인)
브러시 포인트 : 8pt 추천

❶ 1번 동작 그리기

1번 동작을 그립니다. 동작이 어렵다면 멈춰있는 이모티콘 그리기의 '겨울'을 참고해 주세요. (p.150)

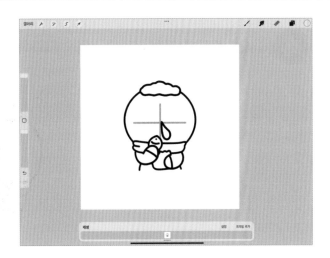

❷ 2번 동작 그리기

고개를 드는 2번 동작을 그립니다. 고개를 들었기 때문에 콧물도 같이 위로 올라가도록 그려주세요.

> TIP. 콧물만 작아지게 표현해도 되지만 캐릭터 자체가 작기 때문에 과장하지 않으면 이모티콘의 모션이 잘 보이지 않아요.

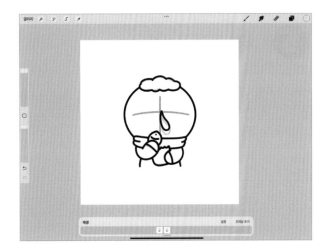

❸ 3번 동작 그리기

3번 동작을 그립니다. 고개를 더 들도록 그리고 콧물도 위로 이동해주세요.

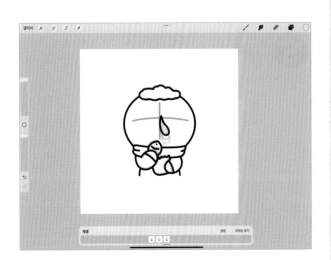

4번 동작 그리기

4번 동작을 그립니다. 고개를 더 들고 콧물을 작아지게 그립니다. 팔은 살짝 내립니다.

5번 동작은 고개를 더 들고, 콧물은 작은 물방울처럼 그려주세요. 팔은 4번 동작보다 더 내려 그립니다.

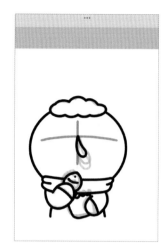

5 **8번 동작 그리기**

8번 동작을 그립니다. 5번 동작보다 팔을 더 내려주세요. 고개는 위를 바라보고 콧물은 없습니다.

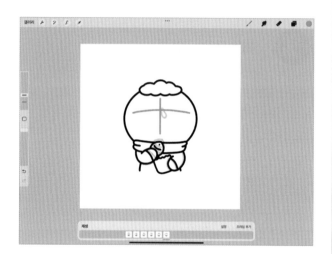

6 **9번 동작 그리기**

9번 동작을 그립니다. 고개를 내리는 동작으로 얼굴을 내려 그립니다.

7 ## 10번 동작 그리기

10번 동작을 그립니다. 고개를 내리는 동작입니다. 정면을 보도록 그려주세요.

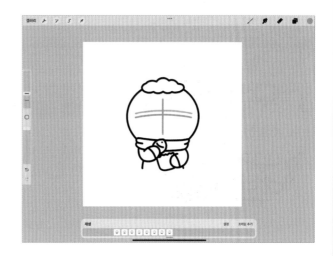

8 ## 6번 동작 그리기

6번 동작을 만듭니다. 8번 동작을 복제해 복제한 그룹을 선택한 후 자유 변형으로 세로로 길게 늘여서 편집합니다.

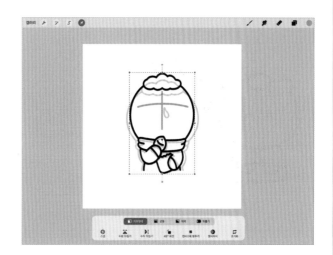

9 ## 7번 동작 그리기

7번 동작을 만듭니다. 8번 동작을 복제후, 복제한 그룹을 자유 변형으로 가로로 눌러 납작하게 편집해 주세요.
각 레이어 그룹을 순서에 맞게 배치하고 프레임 속도를 9~12 사이로 유지하면 완성입니다.

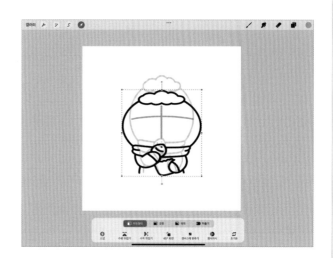

명절

두 캐릭터가 절을 하는 동작입니다. 둘 중 한 캐릭터의 동작만 참고해 그려도 좋습니다.

완성 이모티콘 미리보기

멈춤 이모티콘 : 154페이지

과정 한눈에 보기

1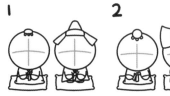

2

3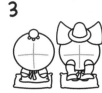

4

5

6

7

8

9 8번 복제

10 8번 복제

기본 세팅

캔버스 크기 : 1000 x 1000px
색상&해상도 : RGB, 300dpi
브러시 : 포르포르 기본(모노라인)
브러시 포인트 : 8pt 추천

1번 동작 그리기

1번 동작을 그립니다. 공손히 두 손을
모으고 앉아있는 모습입니다.

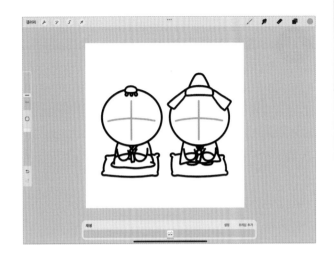

8번 동작 그리기

8번 동작을 그립니다. 머리를 숙이기
때문에 고개를 밑으로 내려서 푹 숙이
고 절을 하는 모습으로 그려주세요.

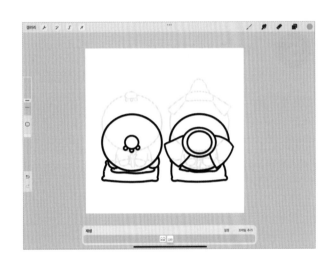

2번 동작 그리기

2번 동작을 그립니다. 고개를 살짝 내
리고 서서히 팔을 드는 모습으로 그려
주세요. 도련님 모자는 펄럭이며 아래
로 내려가도록 그립니다.

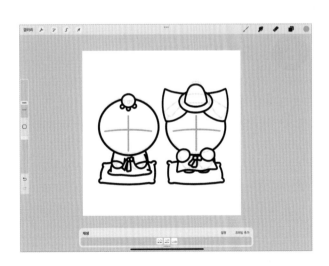

4 **3번 동작 그리기**

3번 동작을 그립니다. 고개를 2번 동작
보다 내려서 그려주세요. 모자도 펄럭
이며 내려가게 그립니다. 남자 캐릭터
는 얼굴 가까이에 팔을 들어 올려주세
요.

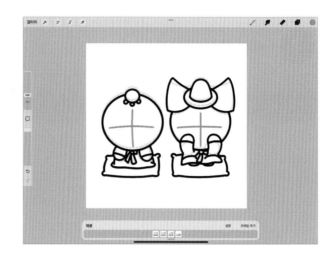

5 **4번 동작 그리기**

4번 동작을 그립니다. 고개를 3번보다
내린 모습입니다. 모자도 내려 그리고,
한 캐릭터의 팔은 동그라미로 다른 캐
릭터의 팔은 치마 옆으로 그립니다.

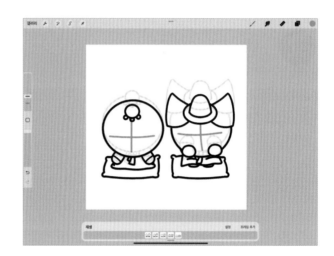

6 **5번 동작 그리기**

5번 동작을 그립니다. 얼굴은 땅을 보
게 그리고 모자도 더 내려 그려주세요.

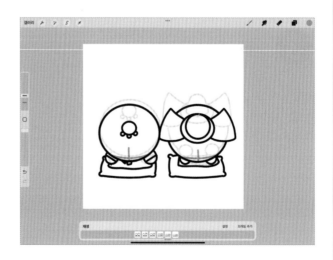

7 **6번 동작 그리기**

6번 동작을 그립니다. 6번 동작은 얼굴이 안 보이고 정수리만 보입니다. 전체적으로 5번보다 가로로 납작하게 그려주세요. 펄럭이며 내려가는 모자 옆 부분도 그려주세요.

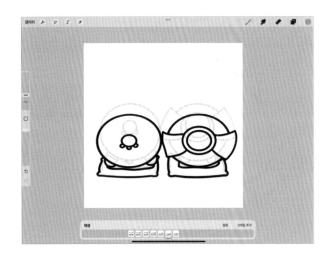

8 **7번 동작 그리기**

7번 동작을 그립니다. 8번 동작을 복제해서 모자만 수정합니다. 모자 옆 부분이 사르륵 내려가는 과정을 그리기 위해 모자 옆 부분을 8번보다 살짝 위로 올려 그려주세요.

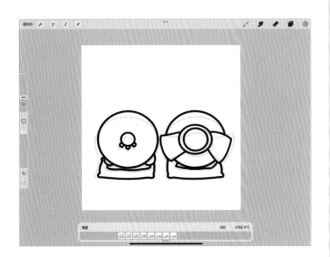

9 **8번 동작 복제하기**

마지막 동작을 유지하기 위하여 8번 레이어를 2~3개 복제하여 8번 이후에 올 수 있도록 배치해 주세요. 프레임 속도는 9~12 사이로 유지하면 완성입니다.

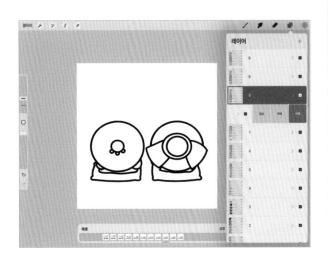

크리스마스

크리스마스 별을 들고 흔들흔들하는 동작입니다. 허리 위 상반신 전체가 움직이도록 그려주세요.

완성 이모티콘 미리보기

멈춤 이모티콘 : 158페이지

과정 한눈에 보기

1

2

3

4

5

6 4번 복제

7 3번 복제

8 2번 복제

기본 세팅

캔버스 크기 : 1000 x 1000px
색상&해상도 : RGB, 300dpi
브러시 : 포르포르 기본(모노라인)
브러시 포인트 : 8pt 추천

① 1번 동작 그리기

1번 동작을 그립니다. 그림을 그리는 방법은 멈춰있는 이모티콘 그리기의 '크리스마스'를 참고해 주세요. (p.158) 트리 옆에 반짝이는 효과도 그려주세요.

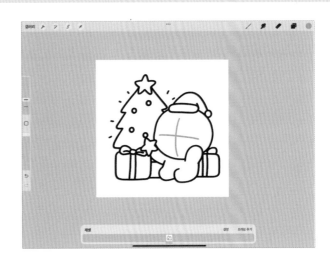

② 5번 동작 그리기

5번 동작을 그립니다. 뒤로 기대앉은 느낌으로 그립니다. 트리 옆에 반짝이는 효과를 그리되, 안쪽에서부터 바깥쪽으로 효과가 이동하게끔 1번보다 바깥쪽에 라인을 그리고, 점찍듯 그립니다. 허리 위쪽으로 머리, 팔이 동일하게 전체적으로 이동한다고 생각하면 됩니다.

③ 2번 동작 그리기

1번과 5번 사이의 과정 중 먼저 2번을 그립니다. 몸통이 뒤로 기울어지도록 그림을 그려주세요. 배경 레이어는 분리해서 그려두면 수정이 쉽습니다. 트리 옆에 효과도 바깥으로 나갈 수 있게 그려주세요.

TIP. 만약 기울기를 그리기 어렵다면
① 캐릭터 레이어 선택 후 올가미
   툴로 허리 윗부분을 선택해 주
   세요.

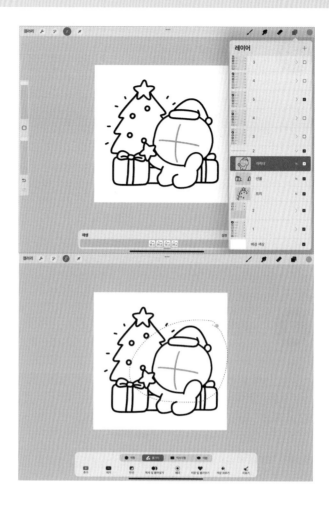

② 마우스 커서 모양을 눌러 기울
   기를 조절해 주세요. 등이 맞
   물리도록 위치를 이동해 맞춥
   니다.

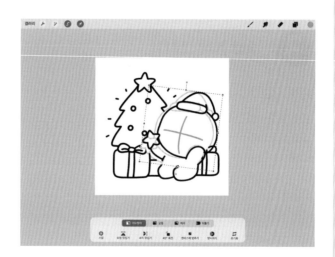

③ 기울기를 수정한 레이어는 불투명하게 바꾸고, 레이어를 추가하여 깔끔한 라인으로 다시 그려주세요.

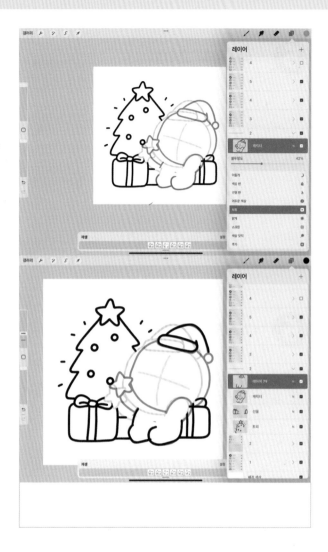

④ 3번 동작 그리기

3번 동작을 그립니다. 2번 동작보다 더 뒤로 이동하면 좋습니다.

⑤ 4번 동작 그리기

4번 동작을 그립니다. 5번보다는 뒤로
덜 기대는 각도로 그려주세요.

⑥ 2~4번 동작 복제하기

4, 3, 2번 동작을 복제하여 5번 동작의
뒤로 보내고, 4, 3, 2 순서로 배치합니
다. 프레임 속도는 9~12 사이로 유지
하면 완성입니다.

이모티콘 작가 되기
with 프로크리에이트

초판1쇄 발행 2024년 05월 02일
초판2쇄 발행 2024년 08월 07일

지은이 박재이(포르포르)
펴낸이 최병윤
편집자 이우경
펴낸곳 리얼북스
출판등록 2013년 7월 24일 제2022-000213호
주소 서울시 마포구 월드컵로10길 28, 202호
전화 02-334-4045 팩스 02-334-4046

종이 일문지업
인쇄 이든북스

ⓒ박재이(포르포르)
ISBN 979-11-91553-84-0 13000
가격 16,800원

저작권법에 따라 보호를 받는 저작물이므로 무단전제와 무단복제를 금합니다.
잘못 만들어진 책은 구입하신 서점에서 바꾸어 드립니다.
독자 여러분의 소중한 원고를 기다립니다(rbbooks@naver.com).

가장 중요한 건 마음 가짐입니다. 처음에는 익숙하지 않아서 그림을 그릴 때 실수하는 것도 많고 오래 걸리고 어렵기까지 합니다.

"못해도 괜찮다. 처음부터 잘하는 사람은 없다. 결국 나는 잘 해낼 거다. 나는 최고다!" 마음가짐으로, 10번 찍어 안 넘어가는 나무 없다는 것을 꼭 기억하면서 즐기는 마음으로 하루 10분씩 이모티콘 기획을 시작해 보세요.

팔리는 이모티콘을 만들자!

카카오 이모티콘, 네이버 OGQ, 밴드, 라인,
모히톡, 스티팝, 이모틱 박스까지
다양한 플랫폼에서 승인받는 이모티콘 만들기!

기획부터 실제 모션 제작까지
성공한 이모티콘 작가가 되어보세요!

값 16,800원

979-11-91553-84-0 13000